LiebesLegenden

ad libri

Was ist Liebe? Was vermag die Liebe? Wohin führt uns die Liebe? In den vier Erzählungen dieses Bandes wird Liebe als uralte Hoffnung auf Verschmelzung, als das seelische und körperliche Verlangen nach einzigartiger Begegnung beschrieben, angesiedelt in einer Zone, in der sich tiefe Emotionalität, reale Ernüchterung und Scheitern mischen – also genau dort, wo sich seit jeher auch Legenden bilden. So begeben sich die Figuren des Autors immer wieder auf die Suche nach der wahren Liebe und finden sich dabei immer wieder vor ganz neue, vorher nie erfahrene Herausforderungen gestellt – an sich, an ihre Lebensentwürfe und ihre Vorstellungen von der wahren Liebes-Partnerschaft.

Einer der Reize dieser ungewöhnlichen Texte besteht darin, dass der Leser zunächst durch eine ihm scheinbar bekannte Landschaft geführt wird, hinter deren vordergründiger Plausibilität aber verborgene Wahrheiten durchscheinen, durch deren Offenbarung den Erzählungen erst ihr eigentlicher Sinn gegeben wird.

Bernd Rebe, Studium der Rechtswissenschaften, Volkswirtschaftslehre und Geschichte, Habilitation mit dem Thema Privatrecht und Wirtschaftsordnung. Er lehrte Zivil- und Wirtschaftsrecht an der Universität Hannover sowie bis zu seiner Emeritierung Medien- und Staatsrecht an der Technischen Universität Braunschweig, deren Präsident er 1983 bis 1999 war. Von ihm liegen zahlreiche Veröffentlichungen zu juristischen, politischen, wirtschaftlichen und kulturgeschichtlichen Themen vor. Dies ist sein erster Erzählband.

Bernd Rebe

Liebes Legenden

adlibri Verlag

Erstausgabe, Juni 2011
Zweite, berichtigte Auflage Mai 2012

www.adlibri.de

Redaktion: Rainer E. Kirsten
Lektorat: Werner Behrens
Umschlagkonzept und -gestaltung: KlettMedia, Hamburg
Umschlagfoto: Wibcke H. Klett,
© Wibcke Klett, Hamburg

Gestaltung und Satz: KlettMedia, Hamburg
Herstellung: BoD, Norderstedt

Printed in Germany 2012
ISBN 978-3-89927-029-7

Inhalt

Unerwartete Begegnung

Die Dame des Hauses gab sich wieder, wie ich sie schon hundertmal erlebt hatte: ganz mir zugewandt, mit immer lächelndem Gesicht. In ihren Augen lag die alte, immer neue Aufforderung, zu deren Einlösung sich bisher keine intensivere Gelegenheit ergeben hatte als eine Knutsch-Ekstase mit benebelten Köpfen in einer verwunschenen Ecke des städtischen Erlebnis-Zoos, während hinter uns die aufgebrachten Papageien kreischten. Sie küsste immer offen auf den Mund, egal bei welcher Gelegenheit und auch unabhängig davon, wie viele Menschen um uns herumstanden. Vielleicht, dachte ich, betrachtet sie das Leben als einen dauernden Karneval, denn sie stammte aus Mainz. Ich war mir deshalb auch ziemlich sicher, dass die freie Direktheit ihrer fordernden Begrüßung keine Sonderbehandlung für mich darstellte, sondern dass auch andere männliche Wesen die Erfahrung ihrer Spontaneität machten.

Sie saß mir gegenüber unter dem großen Sonnenschirm in einem wiesenblumigen Unschuldskleid und wippte, während wir unentwegt miteinander redeten, leicht mit ihrem übergeschlagenen Bein. Der parkähnliche Garten der Rengers war sonnendurchflutet, und wie bei jedem ihrer Sommerfeste sprachen und lachten die Gäste in lebhaften Gruppierungen miteinander an den verschiedenen Büffets und gedeckten Tischen, die meisten mit einem Glas in der

Hand und mit dem Gefühl glückhaften Emporgehobenseins über die Nöte des Alltags.

Es war einer dieser wunderschönen Tage mit Gelegenheiten zweckfreier Gemeinsamkeit, an dem das ganz und gar Unwahrscheinliche überhaupt nicht zu erwarten war. Oder passte die Art, wie es dann geschah – eigentlich zu schnell und fast unspektakulär – nicht doch gerade in diese Atmosphäre?

Hierüber habe ich bis heute viel nachgedacht, immer wieder hin- und hergerissen zwischen Empfindungen des Glücks und dem Abgrund eines unendlichen Verlustes.

Amelie Renger ist zweifellos eine sehr schöne Frau. Nicht selten hörte man in den arrivierten Kreisen Hannovers, sie sei eine der schönsten Frauen der Stadt. Sie verfügt über die bewunderungswürdige Gabe der Alterungslosigkeit. Jedenfalls scheint dies so bei oberflächlicher Begegnung. Ich hatte mich immer gefragt, ob dieser Eindruck denn wirklich zutreffe, und nach Spuren der Jahre in ihrem Gesicht gesucht – und diese auch gefunden. Aber die Zeit setzte den Meißel bei ihr unendlich behutsam an und ließ nur feine vertiefende Linien zu, die sie aber im Grunde nur noch anziehender machten. So waren die senkrechten Sinneslinien an ihren Mundwinkeln nur zurückhaltend gezeichnet, trotz all ihrer Exkursionen in das Reich erotischer Erfahrungen – die zumindest über sie kolportiert wurden.

Der jugendliche Schwung ihrer brünett schimmernden Haare schien ohnehin von jeder Veränderung ausgenommen, ebenso vermochte die Zeit nicht das auffordernde Blitzen ihrer Augen abzuschwächen. Die offenbare Leichtigkeit ihres Liebens machte Amelie zusätzlich begehrenswert – alles schien bereitzuliegen und erreichbar zu sein, und doch blieb es bei diesem Schein.

»Ich finde, du hast dich nach Juttas Tod gut geschlagen«, sagte sie. Wieder einmal war ich mir nicht ganz sicher, ob sie das wirklich so meinte – oder ob sie dies sagte, weil sie meinte, meinen Hoffnungen entsprechen zu sollen.

»Ich weiß nicht. Eigentlich glaube ich, dass ich versagt habe.« Das war kein fishing for compliments, sondern meine ehrliche Überzeugung.

»Warum denn versagt? Wie denn? Du hast dich gekümmert, du warst immer für sie da ...«

»Für sie da, wenn ich nicht bei Juliane war!«

»Ach komm, das ist doch Quatsch! So eine schwere Krankheit, das schafft doch eine Ausnahmesituation! Du bist damit fertig geworden, wie sie sich verändert hat – und du hast dabei deinen Job gemacht, als wäre nichts. Wir haben dich dafür bewundert, das war toll von dir!«

»Aber ...«, setzte ich noch einmal an. Ich wollte sagen, dass ich von außen gesehen sicher meine Pflicht getan hätte und auch noch mehr, aber dass ich eben meiner todkranken Frau diese Beziehung zu Juliane zugemutet hätte und dies mein eigentliches Versagen gewesen wäre. Aber sie unterbrach mich entschieden:

»Schau dir den Klaus an! Klaus war doch in derselben Situation wie du. Er hatte zwar keine Juliane, aber er hat mit dem Saufen angefangen, seiner Frau ihre Krankheit vorgeworfen und ihr dann noch vorgejammert, dass sie ihn doch nicht verlassen dürfe – und was er sonst noch so Nettes bei ihr abgeladen hat. Nein, nein, da gefällt mir deine Performance viel besser!«

»Du bist lieb, Amelie.« Ich nahm ihre Hand und küsste sie.

Sie hob mir ihr Glas entgegen: »Keine Tränen!«, befahl sie.

Wir stießen an. Verstohlen tupfte ich mir mit meinem Taschentuch wieder die Sicht frei, während sie die Mitarbeiter des Catering Service darauf hinwies, wo noch Getränke und Speisen nachgelegt werden mussten. Oh ja, bei aller Zugewandtheit behielt sie das Gesamtgeschehen ihres Festes unter Kontrolle, während ihr Mann als herzhöflicher Gastgeber, an seiner langen Davidoff saugend, sich wieder einmal einer seiner Hauptvergnügungen widmete, seine Gäste in einer unnachahmlichen Mischung aus Ernsthaftigkeit und Provokation zu beleidigen.

Bemerkenswert, dass alle Gäste, denen die Aufmerksamkeit seiner Beschimpfungen zuteil wurde, ohne diese besondere Zuwendung des Hausherrn etwas vermisst hätten. Bei höherem Promillespiegel zeigte der überschlanke, hoch aufgeschossene Anfangsiebziger mit seinem gelockten Grauhaar Frauen gegenüber seine besondere Aufmerksamkeit durch prüfendes Betatschen ihrer Brüste mit hartnäckigen Drehbewegungen, wobei er das Ergebnis seiner Befunde – unabhängig von der vorgefundenen Körbchengröße – in überschwängliches Lob zu packen pflegte. Man kannte ihn so, und man nahm ihn so. Und seine Amelie ließ ihm sein Verhalten wohl auch deshalb so durchgehen, weil sie sich damit eine erhöhte Legitimation für eigene Freiheiten erwarb.

Unsere gefühlvoll schwingende Vertrautheit wurde durch Dr. med. Klaus Wagner unterbrochen, der sich um Aufmerksamkeit heischend mit einem wirklich riesigen Rosenstrauß vor die Gastgeberin stellte und uns beide mit einem »Grüß euch Gott!« aus unserer schönen Zweisamkeit holte. Amelie stand ohne Eile, aber doch mit Zeichen der Freude auf. Sie umarmte unseren Freund – wobei ich nicht sehen konnte, ob sie ihn auch auf den Mund küsste, dies aber vermutete. Sie ließ eine Vase für die Blumen besorgen und bat ihn, an unserem Tisch Platz zu nehmen.

»Bei diesem heißen Wetter brauche ich erstmal was zu trinken«, begann er, was uns nicht überraschte. Dabei streichelte er der Gastgeberin über die Arme.

Hat er nun schon ein Alkoholikergesicht, fragte ich mich heimlich, indem ich auf die wabernden Tränensäcke unter seinen Augen und seine leicht angeschwollenen Gesichtszüge blickte, die mir schon zu verschwimmen schienen.

»Schön, dass du gekommen bist!« Amelie meinte das sicher ehrlich. »Wie geht es, was macht die Gesundheit?«

»Alles paletti, alles bestens. Sie haben mich inzwischen richtig eingestellt, und seitdem geht es mir gut!« Er griff in die Jackentasche, holte eine kleine silberne Pillendose heraus und klingelte damit, als wollte er alle Gesundheitsgeister beschwören.

Hoffentlich klingelt er nicht mit seinem Totenglöckchen, dachte ich und musste dabei – Klaus war katholisch – an diese katholischen Beerdigungen mit ihren Ritualen denken, bei denen die bestätigende Selbstbefeierung der Kirche die Hauptsache ist.

»Müsst ihr Ärzte eigentlich alle ungesund leben?«, fragte Amelie in schöner Direktheit.

»Ja, das System macht krank«, versuchte Klaus sich zu retten,»das Gesundheitssystem ist unheilbar!«

Er begann, tausend Gründe dafür anzuführen. Am Ende seiner Ausführungen war uns klar, wie malade das ganze „System" war – natürlich mit Ausnahme der niedergelassenen Ärzte, den „Frontschweinen der Medizin", wie er sich ausdrückte, die um ihre Existenz kämpfen müssten und bei den Krankschreibungsansinnen ihrer Patienten in immer neue Gewissensnöte geworfen würden.

»Ihr müsst einfach das Kreuz durchdrücken!«, befand Amelie in kalter Sachlichkeit und weckte dann bei mir mit einem weiteren Satz zusätzliche Begeisterung für sie, als sie mit geradezu poetischer Formulierung feststellte, das Strandgut der Leistungsgesellschaft werde an die Gestade der inneren Medizin gespült.

»Ja, und dort müssen wir es aufsammeln!«, nahm Klaus nicht ungeschickt ihre Metapher auf. »Wer soll es dann sonst tun? Die hilflosen Kirchen etwa? Oder die orientierungslose Politik? Oder die Heilsarmee oder die überforderte Polizei?«

Er war offensichtlich froh, dass das Gespräch eine Wendung ins Allgemeine genommen hatte und er sich nicht mit unangenehmen Fragen zu seiner Person und seinen Trinkgewohnheiten auseinandersetzen musste – Fragen, die er sich wohl ohnehin selbst häufig genug stellte. Inzwischen war er, während er unentwegt mit uns auf das schöne Wetter, das wieder einmal gelungene Fest und auf „den Liebreiz der Gastgeberin" anstieß, beim dritten Glas Champagner gelandet.

Nach einer Pause besinnlicher Ruhe, in der wir das bunte Treiben im Garten aus der Distanz genossen, sagte er: »Wisst ihr, immer wenn ich hier bin, muss ich an Lina denken. Auf euer Gartenfest freute sie sich immer schon das ganze Jahr. Es war für sie immer der Höhepunkt des Jahres.«

»Ja, ich weiß«, bestätigte Amelie, »das hat sie mir selbst auch oft so gesagt.«

»Für Jutta galt das im Grunde auch«, warf ich ein.

»Ja«, Klaus nickte versonnen, »die beiden haben immer vor dem Fest telefoniert und sich wegen ihrer Kleider abgesprochen ...«

»... nachdem sie einmal mit haargenau den gleichen Kleidern gekommen waren – erinnert ihr euch?«, fragte Amelie.

»So was kann man gar nicht vergessen!«, sagte ich. »Wie die beiden sich getroffen haben – mit dem Begrüßungschampagner in der Hand – und wie sie dann gegenseitig aufeinander gezeigt haben, dann fürchterlich losprusteten! Und wie sie sich dann Komplimente machten und zwischendurch unentwegt miteinander anstießen – es war göttlich!«

»Ja, andere Weiber hätten sich geschnitten oder sich gegenseitig mit Verachtung gestraft ... – aber Lina und Jutta waren da anders, sie waren eben besondere Frauen – wie du auch!« Klaus nahm erneut Amelies Hand und küsste sich bei dieser Gelegenheit ein Stück den Unterarm empor. Dann winkte er einen der weiß livrierten dienstbaren Geister zu sich und fragte, ob dieser denn auch „etwas Richtiges" für ihn zu trinken hätte. Von der ihm dargebotenen Liste orderte er einen Grappa, wobei er dem schon Davoneilenden noch »Aber einen doppelten!« hinterherrief.

»Wisst ihr«, wandte er sich uns dann wieder zu, »nach Linas Tod ist nichts mehr so richtig!«

»Und da denkst du, das Saufen könnte dir helfen?« Amelies Direktheit war wieder einmal entwaffnend.

»Sei doch bitte nicht so streng mit mir, teure Freundin!«, bat Klaus. »Warte mal ab, bis dir so was passiert! Dann reden wir weiter!«

»War nicht so gemeint!«, beschwichtigte Amelie, und mit einer Kopfdrehung zu mir sagte sie: »Wir machen uns eben Sorgen um dich!«

Ich sagte nichts, nickte nur und freute mich über das „wir". Aus den Augenwinkeln konnte ich sehen, dass der Hausherr inzwischen hinsichtlich seiner Direktaktionen die Promillegrenze erkennbar überschritten hatte. Wie die zaristischen Offiziere ihre leeren Wodkagläser hinter sich geworfen hatten, so beförderte er jetzt den Rest seiner Davidoff schwungvoll über seine Schulter ins Gebüsch. Dann griff er mit der nun freien Rechten an eine der wenig ausgeprägten

Brüste der Kustodin des Kunstvereins, die zufällig neben ihm, dem leidenschaftlichen Kunstsammler, gelandet war. Er drehte daran, wie es seine Gewohnheit war, und fand in überschwänglicher Weise zu seinem obligaten Lob. Die Kustodin leistete nicht direkt Widerstand, fragte aber vernehmlich, wobei sie neben dem investigativen Hausherrn auch die Umstehenden mit einschloss, warum denn ausgerechnet die Männer mit ihren schlaffen Eiern den Frauen immer an die Brüste gehen müssten – was meine Hochachtung für die Kustodin erheblich steigerte. Rache ist süß!

Klaus Wagner ließ uns nun wissen, er brauche ein wenig Bewegung, stand auf und mischte sich unter die Gäste. Um höflich zu sein, fragte ich Amelie, ob sie sich nicht auch mal ihren anderen Gästen widmen müsse.

»Dazu ist noch Zeit«, antwortete sie, »jetzt bleibe ich erstmal bei dir. Hier fühle ich mich richtig wohl.« Das wirkte bei mir wie einer ihrer Küsse auf den Mund – in mir war jetzt nur noch das Verlangen nach ihren Lippen.

»Komm!«, sagte sie da. »Ich zeige dir mal unsere neue Kunst.« Ihr ging es nicht anders als mir – die ungeheuren Möglichkeiten unserer Zuwendung zogen uns in das Haus, das – bis auf das Treiben im Küchenbereich – wie verlassen dalag, leer und abgeschirmt von dem arglosen Geschnatter der Gästegruppen im Garten. Amelie griff meine Hand mit beiläufiger Selbstverständlichkeit und führte mich in den Eingangsflur. Sie rief noch einige Anweisungen in die Küche, ohne mich dabei loszulassen, und zog mich dann die schmale Treppe hinauf in das Obergeschoss. Oben rief sie die Namen ihrer beiden Söhne, überprüfte ihre Zimmer, wobei sie mich kurz losließ, griff dann wieder meine Hand und zog mich in ein Zimmer, ausgestattet im amerikanischen Landhausstil, mit einem säuberlich zugedeckten

Doppelbett in der Mitte – offenbar das Gästezimmer des Hauses. Sie schloss die Tür hinter uns ab, trat mit einem Lächeln auf mich zu und legte ihre Arme um meinen Hals.

In diesem Moment wusste ich nicht mehr, was ich tun sollte. Mein Gedanke ‚Wenn man uns hier entdeckt!' machte alles noch schlimmer. Jetzt war mir danach, meine Schleusentore einfach zu öffnen – sollte sich doch der Schwall über die blühende Wiese ihres Kleides ergießen!

Da ließ Amelie mich los, trat zurück und stieg mit zwei Schritten aus ihrem schnell geöffneten und heruntergestreiften Kleid, warf es über die Armlehne eines Stuhls und trat in ihrer reiterbeinigen Hochhackigkeit auf mich zu. Eine Armlänge von mir entfernt, legte sie mit einem auffordernden »Nun!« ihre Hände auf meine Schultern und fragte mich, wie mir das gefalle. Während ich aus einer Von-oben-Perspektive ihre Nacktheit inspizierte, die nur noch von zwei schwarzen Fetzchen Stoff umschludert wurde, entsprach mein Verlangen ihrem Verlangen, und indem ich nun bereit war, diesem endgültig nachzugeben, prüfte sie mit spürbar geübtem Mittelgriff meine Bereitschaft für Weiteres.

In diesem Augenblick entstand eine große Unruhe im Erdgeschoss des Hauses. Ein lautes Rufen ihres Namens und eine Welle der Aufgeregtheit schwappte die Treppe hoch. Mit wenigen Griffen hatte Amelie ihr Kleid wieder angezogen und verschwand mit einem »Warte noch ein bisschen!« aus dem Zimmer. Ich überprüfte im Spiegel mein Outfit, fand zu meiner Erleichterung aber nicht einmal Spuren von Lippenstift (wobei mir bei dieser Gelegenheit aufging, dass sie gar keinen aufgelegt hatte) und ging dann die Treppe in die Eingangshalle hinunter.

Die aufgeregten Stimmen kamen aus dem Wohnzimmer. Dort sah ich als Erstes den Hausherrn, der in betont aufrechter Haltung mit souveränen Gesten telefonierend am Fenster stand, und entdeckte dann Amelie, die sich gemeinsam mit einigen Gästen um unseren Freund Klaus Wagner bemühte, der mit kalkweißem Gesicht und heftig nach Luft ringend auf der Couch lag.

»Mein Gott, was ist denn?«, fragte ich.

Amelie, die vor der Couch kniete und Klaus' schlaff herabhängende Hand massierte, drehte sich zu mir um. »Ich weiß auch nicht, was passiert ist. Die Medelheimers« – sie nickte andeutungsweise in Richtung auf einen älteren und einen jüngeren Herrn – »haben Klaus hierhergetragen, nachdem er im Garten zusammengebrochen war. Erni ...«, damit meinte sie ihren telefonierenden Gatten Ernst, »... hat schon die Ambulanz gerufen.«

Ich trat näher an die Couch. Unser Freund Klaus hatte die Augen geschlossen und rang mit schweren Atemstößen nach Luft. Beim Herauspressen der Luft brachte er fremdartige Pfeiftöne hervor, die entfernt an die Signale eines Zuges bei der Abfahrt erinnerten. Diese akustische Verfremdung der Situation regte, ohne dass ich dies wollte, meine Lachnerven an. Es gelang mir jedoch, mich zu beherrschen. Ich opferte mein frisches Taschentuch, um ihm den aus seinem linken Mundwinkel laufenden Speichel abzutupfen. Durch sein Pfeifen drängte sich mir der Gedanke auf, er lasse seinen Lebenszug abfahren, aber mit diesem spontanen Einfall lag ich zum Glück daneben.

Nachdem ich mit der heftig schaukelnden Ambulanz, unter dem völlig überflüssigen Kreischen des Martinshornes weiterhin Speichel abtupfend, unseren Freund Klaus ins Krankenhaus begleitet hatte, keuchte ich dort hinter den beiden Krankenschwestern her, die mit dem fahrbaren Bett durch nicht enden wollende Gänge und durch immer neu zu öffnende Zwischentüren jagten – wobei sich die am Kopfende das Bett Steuernde mit ihrem Kittel an einer der Türen derart verfing, dass sie durch eine abrupte Drehung ihres Körpers fast entkleidet wurde. Wenn die beiden Bettbugsiererinnen wegen ihrer Hatz hier und da anstießen, machte der Körper des schutzlos auf dem Bett liegenden Dr. med. Klaus Wagner jedes Mal einen entsprechenden Hopser. Meiner Verfolgungsaktivität wurde ein rigoroses Ende gesetzt, als Bett, Wagner und Schwestern hinter einer großen Doppeltür mit der Aufschrift „Intensivstation – Unbefugten ist der Zutritt untersagt" verschwanden. Nach einer guten Viertelstunde kam aus dieser Tür ein weiß bekittelter Arzt, reichte mir, als vermutetem Verwandten des neuen Patienten, seine Hand und ließ mich wissen, sie hätten ihn stabil, und ich bräuchte mir keine Sorgen zu machen – Besuche aber bitte nicht vor dem nächsten Morgen, denn der Patient stünde „ganz klar unter Schock". Ob ich denn wüsste, was passiert sei? Ich verneinte achselzuckend.

Ein nicht unfreundlicher Pförtner bestellte auf meine Bitte eine Taxe, mit der ich zurück auf das Sommerfest fuhr – in einer Mischung aus Amelie-gerichteter Erwartung und freudig empfundener Mitteilungspflicht über Klaus Wagners stabilen Zustand. Im Garten der Rengers hatte sich die stärkste Aufregung über den Zwischenfall inzwischen gelegt, wobei für zusätzliche Beruhigung gesorgt hatte, dass ich es war, der den Patienten begleitet hatte. Als ich jetzt die gute Botschaft über dessen Zustand überbrachte, brach sich fast ungedämpft der allgemeine Wunsch wieder Bahn, diesen herrlichen Sommertag mit seinen exquisiten Freuden für Gaumen und Kehle weiter zu genießen.

Ich gestehe, ich war froh, dass sich Amelie inzwischen ihren anderen Gästen zugewandt hatte und wir aus der gefährlichen Eigendynamik unserer partnerschaftlichen Übungen im Gästezimmer herausgerissen worden waren. Nicht auszudenken, wie mir jetzt wäre! So ließ ich mir einen Campari-Orange geben und schlenderte, zufrieden über das, was nicht geschehen war, durch den Garten. Amelie und ich waren in unseren alten Zustand zurück versetzt, oder besser: Wir waren in ihm verblieben. Wieder hatten wir die entscheidende Grenze nicht überschritten, wieder war ich in der Ernsthaftigkeit ihrer Gefühle für mich bestätigt worden – so lag die Zukunft weiter mit erwartungsvollem Vibrieren vor uns. Vor allem konnte ich meinem Freund Renger weiter mit relativ gutem Gewissen unter die Augen treten, zumindest mit keinem schlechteren Gewissen als eine größere Zahl anderer Männer in und außerhalb dieser Stadt auch – eine Vermutung, die, so betrachtet, auch eine beruhigende Seite hatte. Beschwingt durch solche Überlegungen beschloss ich, mich mit ihm gleich für die nächste Woche zum Golf zu verabreden. Das war längst wieder einmal fällig!

Die volle Sonne stand in Nachmittagsschräge am weiterhin wolkenfreien, blauen Sommerhimmel. Ich hielt mich vorsätzlich etwas abseits von den verschiedenen Gruppen und Grüppchen scherzender Gäste. Zu sehr wirkten in mir die Bilder mit Amelie und der verrückten Bettenhatz nach.

Warum wirken ausgerechnet schwarze Dessous so stimulierend? Auch die Krankenschwester, die mit ihrem Kittel an der Tür hängen geblieben war, hatte unter ihrem blütensauberen Weiß kleines Schwarz getragen – ein Schwarz, das mir als fordernde Markierung ihrer Nacktheit nach dem Aufspringen fast aller Knöpfe ihres Kittels entgegengeblitzt war. Trotz ihrer Eile hatten die beiden Mädchen kurz gelacht. Die unfreiwillig Entblößte hatte lediglich mit einem kurzen Griff ihren Kittel von der Tür gelöst und war dann – ihrer Pflicht den Vorrang vor dem Schutz ihrer

Intimität einräumend – weitergerannt, von Flur zu Flur, mit der freien Hand ihren Kittel wieder zuknöpfend.

Setzte sie der deprimierenden Gegenwart von Krankheit und Tod mit ihrem intimen Dress die Kraft ihres erotischen Potenzials entgegen? Oder hatte sie sich nur für ein Date nach dem Dienst präpariert? Nach dem, was meinen Blicken unter dem Kittel für einen Moment geschenkt wurde, wegen ihrer sachlich-souveränen Art, wie sie, im Weiterrennen mit einer Hand das Bett dirigierend, mit der anderen ihren Kittel wieder zuknöpfend, zugleich Herrin ihrer Dienstpflichten und Bewahrerin ihrer verborgenen Schönheiten blieb, hätte ich sofort alles gegeben, um sie zu meiner Frau machen zu können.

Aber hatte ich nicht nach Juttas Tod schon viele Male Erlebnisse dieser Art gehabt – eine Frau zu sehen, die eine blitzartige Faszination auf mich ausübte, weil sie ein edel geschnittenes Gesicht hatte, weil sie wie selbstverständlich eine kräftige Brust trug oder weil in ihren Bewegungen und der Art ihres bestimmenden Ganges ein großes Versprechen für mich lag? Und jedes Mal waren diese Begegnungen nach wenigen Augenblicken geendet, ohne dass ich je den Mut und die Entschlusskraft aufgebracht hätte, die mich so Faszinierende anzusprechen. Und jedes Mal hatte ich mich dann mit allerhand Vernünfteleien getröstet, wie der, dass mein Hormonpegel mir wieder einen Streich gespielt hatte.

Im Grunde war durch Juttas Tod mein Leben aus den Fugen geraten. Jedoch – anstatt meine neue Situation zu erkennen, sie anzunehmen und mit ihr umzugehen, hatte ich in alter Weise weiterleben wollen – mit einer Frau an meiner Seite. Das war der Grund, warum ich mich an Juliane geklammert, warum ich Jutta mit der Not ihrer Todeskrankheit alleine gelassen hatte – ich egomaner Tor!

Aber Juliane und ich hatten die Quittung bekommen, denn wir schafften beide nicht den Neuanfang, als der Weg für uns nach Juttas Tod frei war. Nur mit Juttas tödlicher Krankheit im Hintergrund, nur mit der aus meiner Todesverzweiflung hochbrandenden Liebe für Juliane, nur in dieser Ausnahmesituation waren wir beide miteinander ausgekommen – in unserem gemeinsamen Wartestand, meistens getrennt – Jutta und ich in unserem Haus in der Landeshauptstadt, Juliane in ihrem Bungalow in einer Nachbarstadt – also nur in der Unvollständigkeit der Trennungssituation.

Als ich dann in Erfüllung meines innigsten Wunsches – mit bekennendem Trotz gegenüber meiner Familie und meinen Freunden – schon wenige Tage nach Juttas Tod zu Juliane gezogen war, noch bevor die Trauerfeier stattgefunden und die Urne beigesetzt worden war, als uns nun alle Möglichkeiten offen standen oder vielmehr offen zu stehen schienen, scheiterten wir.

Im Grunde war die Hypothek zu groß, die wir da auf uns geladen hatten und die Juliane nicht wahrhaben wollte (»Wieso denn, in der schweren Zeit war ich doch immer für dich da!«). Auch rächte sich meine fehlende Bereitschaft zur Stille der Trauer, denn nur widerwillig absolvierte ich eine Art – verspäteter – Ersatztrauer, besonders wenn ich abends allein durch die stillen Vorortstraßen um Julianes Bungalow lief und wenn unter dem Nachthimmel mein Bewusstsein durch die Ungeheuerlichkeit von Juttas Tod überflutet und ich von hemmungslosen Weinkrämpfen geschüttelt wurde.

Ich blickte auf den kleinen Brunnen mit dem Terrakottamädchen, das mit freundlichem Ernst aus ihrem geschwungenen Füllhorn Wasser in das Rund des Brunnens plätschern ließ. Jutta, die immer viel für den romantischen Gestus solcher kleinen Figuren übrig hatte, war mit mir auf jedem Sommerfest der Rengers zu diesem Brunnen gegangen, ja der Besuch des Festes wäre für sie ohne den Besuch dieses Ortes unvollständig gewesen. So blieb ich noch einige Zeit auf der schattigen Bank vor dem Brunnen sitzen und dachte, während das Terrakottamädchen das Wasser weiter in den Brunnen plätschern ließ, an unsere früheren Momente der Gemeinsamkeit an diesem Fleck zurück.

Während ich dort saß, überwältigte mich die Erinnerung mit derartiger Kraft, dass ich Jutta neben mir spürte, so dass die Zeit aufgehoben schien, die Wirklichkeit durch die Vorstellung überwunden. Ich lächelte über mich und war glücklich. Die Zeit mit Jutta, meine tausendfach erwiderte Liebe zu ihr gleißten in mir wie ein unendlicher Schatz, funkelten in warmer Verlockung und waren zugleich Teil von mir. Wie, wenn ich sie wiedertreffen könnte? Wie würde ich heute mit ihr leben, mit dem Wissen und der Erfahrung des unsagbaren Verlustes – eines Verlustes, den ich ein Leben lang mit mir tragen würde?

Ich sah sie in ihrem hellblauen Kleid mit den kleinen weißen Mustern vor mir, das so sehr zu ihrer mädchenhaften Unschuld passte. Da musste ich an das Motto von Tolstois *Kreutzersonate* denken, das mir als Schüler so viel zu denken gegeben hatte. Ich hatte bei Karstadt von meinem kargen Taschengeld eine billige Ausgabe des Buches gekauft und war, meine kostbare Errungenschaft unter dem Anorak, nach Haus geradelt: »... wer aber ein Weib ansieht und ihrer begehret, hat schon die Ehe gebrochen mit ihr in seinem Herzen«, hieß es da sinngemäß, ein Zitat aus dem Matthäus-Evangelium. Ich konnte mich nicht erinnern, Jutta jemals angesehen und „begehrt“ zu haben. Also hatte ich auch nie die Ehe gebrochen mit ihr.

Ich lehnte mich zurück und schloss die Augen. Und dann sah ich die beiden Frauen, links von dem schattenspendenden Buschwerk, das Bank und Brunnen schützte, allein an einem Tisch unter einem der Sonnenschirme, wie sie, jede mit einem Glas in der Hand, in entspannter Weise miteinander redeten, wobei sie ihre Worte hin und wieder mit anmutigen Gesten ihrer Arme und Hände unterstrichen. Manchmal schienen sie dabei auch leicht zu lachen. Mich zog dieses friedliche Bild unwiderstehlich an. Durch ihre Nähe waren auf einmal alles Wissen und jede Erklärung über die Ereignisse dieses Nachmittags in mir präsent wie in dem hallenden Hochraum eines Domes: dass es doch möglich war, dass Klaus diese Wahrheit nicht ertragen hatte, dass ich sie doch eigentlich auch nicht ertragen konnte, sie aber doch nicht nur ertrug, sondern mich in neugieriger Erwartung weiter näherte, um eine Gewissheit bestätigt zu bekommen, die ich eigentlich längst hatte.

»Da kommt Henning«, sagte Lina in ihrem weißen Kleid.

»Ich weiß!« – Jutta drehte sich zu mir um, stellte ihr Glas auf den Tisch, stand auf und umarmte mich innig, während sie »Mein Darling, mein Darling!« flüsterte. Diesen Kosenamen hatte sie immer benutzt – eigentlich banal, aber in der Art, wie sie ihn aussprach, klang er so innig, dass ich voll und ganz mit ihm einverstanden war. Jutta trug ihr hellblaues Kleid mit den weißen Tupfen, und ihr Wohlwollen hüllte mich ein. Auch wohl aus diesem Grund blieb ich in meinem Inneren ganz ruhig und fragte, wie es ihr ginge.

»Ganz prima!«, antwortete sie, als hätte ich eine vernünftige Frage gestellt. Mir kam ein regnerischer Nachmittag am Anfang ihres letzten Herbstes in den Sinn, als wir beide im neuen Anbau unseres Hauses durch die großen, weißen Fenster die gelblich gefärbten Blätter beobachtet hatten, die in schräger Windbahn von den Bäumen wehten.

Ich fragte Jutta, ob sie sich daran noch erinnern könne, und sie sagte: »Natürlich, so wie ich mich an jede Einzelheit unserer Ehe erinnere!«

»Ich habe damals Rilke zitiert«, fuhr ich fort,

»Die Blätter fallen, fallen wie von weit,
als welkten in den Himmeln ferne Gärten;
sie fallen mit verneinender Gebärde

– und da hast du mich unterbrochen, weißt du noch – und weißt du auch noch, was du da gesagt hast?«

»Ja, natürlich«, antwortete sie mir, »ich habe gesagt, dass das Quatsch ist: ‚Sie tanzen vor Freude', habe ich gesagt.«

»Ja, richtig«, bestätigte ich, »weißt du, das war damals sehr tröstlich für mich. Hunderte von Malen habe ich in mir inzwischen deinen Ausruf wiederholt, und jedes Mal war wieder diese regnerische Herbstfrische in mir, die schräg wehenden bunten Blätter und deine Worte.«

»Ja«, sagte sie, »ich hatte schon die Bejahung bekommen, da war ich ganz leicht.«

»Die Bejahung?« Ich sah sie fragend an.

»Ja, die Bejahung. Es war auch mir klar, dass es zu Ende ging, und da war auf einmal das Bewusstsein in mir, dass die Zeit richtig ist, und dass es so gut ist.«

»Das hast du mir nie gesagt!« Ich wollte jeden vorwurfsvollen Ton vermeiden und fuhr deshalb, um es zu erklären, fort: »Ich hatte damals die Vorstellung, wir sollten einmal über uns, über unsere Ehe sprechen, auch über unsere Kinder – unter der Voraussetzung, dass wir gemeinsam akzeptierten, dass es zu Ende geht. Aber du hast Pläne gemacht für die Zukunft, auch die ferne Zukunft, du hast über die Vermietung von Zimmern während der Expo gesprochen, die ja noch fast ein Jahrzehnt vor uns lag! Ich konnte damit nicht umgehen, es war mir zu irreal !«

»Ich weiß, ich weiß«, entgegnete sie in mildem Ton, »es war ein Fehler von mir, dass ich die Gewissheit, was kommen würde, nicht ausgesprochen habe – bitte entschuldige das, aber …«

»Wenn sich einer entschuldigen muss, bin ich es wohl!«

»Nein, nein«, sagte sie, »ich habe da einen Fehler gemacht! Aber ich wollte dich doch schonen, und zum anderen wollte ich auch einen kleinen Spalt Hoffnung für mich offen halten.«

»Ich habe dich immer bewundert, du hast dich niemals, mit keinem Wort, über deine Krankheit beklagt – und über die schlimmen Begleiterscheinungen.«

»Ja, das hatte ich mir verboten. Aber sonst habe ich dich doch ganz schön traktiert, immer wieder – auch dafür möchte ich dich um Entschuldigung bitten.«

»Aber da war meine Beziehung zu Juliane«, erinnerte ich sie. »In einer Zeit, als du mich und meine bedingungslose Unterstützung für dich am meisten gebraucht hättest, habe ich dich verraten. Ich habe dich hintergangen und dich alleingelassen!«

Jutta schwieg einen Moment. Sie blickte in unbestimmte Ferne, etwa dahin, wo die Sonne bald hinter den Horizont tauchen würde, dann sah sie mich wieder an:

»Ja«, sagte sie ganz ruhig, »das war am Anfang wahnsinnig schwer für mich. Aber dann habe ich versucht, dich zu verstehen, und ich fand eine einfache, klare Antwort, die mir über vieles hinweggeholfen hat: Du hast dich bei Juliane an das Leben geklammert, du bist damit nicht fertig geworden, dass das Ende unserer Lebenssituation, unserer Ehe, absehbar war! Ich habe mich gefragt, wie es mir im umgekehrten

Fall gegangen wäre – aber ich habe keine Antwort gefunden, die für mich zufriedenstellend gewesen wäre!«

Jutta lächelte. Sie nickte ein paar Mal gedankenverloren, wie um sich selbst ihre Zweifel zu bestätigen.

Das war deine Frau! Nein: Das ist deine Frau, dachte ich mit einer Begeisterung, die ich so für sie vorher nie gekannt hatte. Und nie hatte ich die 29 Jahre meiner Ehe mit ihr so bestätigt gefunden. Zum ersten Mal sah ich meine Frau bewusst an: ihre mädchenhafte Erscheinung, ihre makellos blinkenden Zähne, die zarten Proportionen ihres schönen Gesichtes, ihre vertrauensvoll strahlenden Augen und den Schwung ihrer dunkelblonden Haare, die dies alles mit absichtsloser Leichtigkeit umspielten.

Und da wurde mir bewusst, dass sie die Frau war, die ich seit unserer grausamen Trennung immer gesucht hatte und niemals finden konnte. Ich sagte ihr das, und sie antwortete mir nur: »Mein Darling, mein armer Darling!« Sie machte zwei Schritte zu dem rot blühenden Rosenbusch, brach eine der weit geöffneten Rosen ab, kam zurück zu mir und steckte die Rose in meine Brusttasche.

»Die Sache mit Juliane ist übrigens schiefgegangen«, ließ ich sie dann wissen, »es hat nur gehalten, solange du da warst.«

»Das war zu erwarten«, sagte sie, »du wolltest dein Lebensschiff wieder fest andocken, aber du hast auf Treibsand gesetzt. Du bist einer Chimäre nachgerannt. Ich hätte dir anderes gewünscht!«

»Hast du das wirklich?«

»Damals nicht. Ich konnte damals nur gehen, weil ich geglaubt hatte, du hättest wirklich Schluss gemacht, und ...«

»Das hatte ich, das hatte ich wirklich!«

Ich musste an mein stundenlanges nächtliches Telefonat mit

Juliane denken, an ihr Schluchzen, ihre Verzweiflung. Juliane war der Überzeugung, dass Juttas Krankheit noch viele Jahre dauern könnte. Und da hatten wir dann morgens um halb drei Schluss gemacht. Zwei Tage später war Jutta gestorben. Wenigstens diese zwei Tage war ich ganz bei ihr gewesen.

»Aber dann später«, sagte sie jetzt, »später dachte ich, es ist gut, wenn du jemanden hast, eine Frau hast. Mich gab es ja nicht mehr, ich konnte nicht mehr für dich da sein!«

Als ob es um mich gegangen wäre! Um mich, der ich weiterleben durfte – mit phantastischen Hämoglobin-Werten, während ihre Werte nur durch Bluttransfusionen vorm Abrutschen ins Tödlich-Bodenlose bewahrt werden konnten. Ich war doch ganz nebensächlich gewesen! Ich sagte ihr das, und sie antwortete mir nur:

»Wir waren alle beide gleich wichtig – oder gleich unwichtig.« Mit diesen Worten nahm sie meine Hand und sagte: »Komm, lass uns zu unserem Brunnen gehen!«

Wir gingen langsam, schweigend, Hand in Hand, und setzten uns auf die Bank neben dem plätschernden Brunnen, wie wir das immer getan hatten, und sie sagte:

»Du weißt, es hat für mich immer nur dich gegeben. Es war ein großes Glück – ist ein großes Glück.«

Ich verschränkte meine Arme rückwärts über der Lehne der Bank, legte meinen Kopf zurück und schloss die Augen. Die Welt hob sich weg, ich hätte genauso gut sterben, lachen oder schweigen können. Jetzt war auf einmal alle Unendlichkeit in mir, im Schwindel war mir danach, vor ihr auf die Knie zu fallen, meinen Dank in ihren Schoß zu weinen und dabei gleichzeitig ihre Küsse zu suchen, doch ich musste mich weiter an der Lehne der Bank festklammern.

Da sagte sie noch: »Dein Leben danach war ja ein einziges Gebet.«

Und nun schien mich auch diese Lehne nicht mehr zu halten. Ich versuchte, ruhig zu atmen, ganz tief ein- und bewusst auszuatmen, dann öffnete ich die Augen, um ihr für dieses unglaubliche Geschenk zu danken – und fand mich allein auf meiner Bank.

Die Sonne stand nun schon ziemlich schräg. Über den parkähnlichen Garten hatte sich der Frieden eines weiteren gelebten Tages gelegt, an den Blüten des Rosenbusches machte sich ein dunkelbunter Falter zu schaffen, und aus dem Füllhorn des Terrakottamädchens plätscherte weiter der Wasserbogen in die runde Brunnenschüssel. Ich blieb noch so lange sitzen, bis der Sonnenkreis die Spitzen des fernen Waldes berührte, und stand dann auf, aus einer Mischung von Gastespflicht und der Befürchtung, jemand könnte diesen stillen Ort mit seinem scheppernden Humor entweihen.

Ich ging zurück zur Terrasse des Hauses, wo Amelie den Dank und die Abschiedsumarmungen der Gäste mit gewohnter Präsenz und humorvoller Schlagfertigkeit parierte.

Sie sah mich aus den Augenwinkeln kommen, ließ sich aber nichts anmerken. Ich setzte mich an einen der Tische. Schon nach wenigen Minuten setzte sie sich zu mir und fragte: »Na!?« Ich erwiderte, dass ich ihr etwas Unglaubliches erzählen müsse, und berichtete ihr von meiner Begegnung. Während ich erzählte, sah Amelie mich mit einer Mischung aus ruhiger Freundlichkeit, leichter Belustigung und fragender Sachlichkeit an. Sie legte ihre Hand auf meine und deklamierte kurz: »Und er kam zu dem Ergebnis: Nur ein Traum war das Erlebnis ...«, dann stand sie auf, um ein weiteres Verabschiedungszeremoniell zu absolvieren.

Da spürte ich einen leichten Druck auf der linken Seite meiner Brust. Ich tastete nach meiner Brusttasche und fühlte eine leichte Ausbuchtung. Ich griff in die Tasche – in meiner Hand hielt ich die weit geöffnete Blüte einer roten Buschrose. Da wurde mir schwarz vor Augen, und ich spürte nur noch den Schmerz des Aufschlags auf der Tischkante im Gesicht, von dem mir Amelie später erzählte.

Auf Djerba

Eigentlich war die Frage, *wie* es passieren konnte, unerheblich geworden, denn die Frage, *warum* es geschehen war, war mir beantwortet worden.

Ja, ich hielt die Antwort in der Hand.

Noch niemals hatte ich ein solches Bild von mir gesehen. Es war, als hätte die Kamera ein besseres Selbstbild von mir ablichten wollen, ein Bild, das ganz tief in mir war, von dem ich vielleicht eine hoffnungsvolle Ahnung hatte, an das ich aber –vielleicht aus mangelndem Selbstvertrauen – nicht wirklich glauben konnte oder nicht glauben wollte.

Sie hatte dieses Bild gleich erkannt, und die unglaublich sichere Leichtigkeit, mit der sie mit mir umging, war aus ihrem Festhalten an dem von ihr erkannten Bild geboren. Aus dem unbeirrbaren Festhalten, bis auch ich es als wahr annehmen konnte und mein altes Leben hinter mir ließ.

Aber für wen denn?

Und da war *sie* wieder in mir, und die Verlorenheit meiner Trauer mischte sich erneut mit unnennbarem Glück.

Urlaub in Tunesien war bei mir schon über Jahre in der Rubrik meiner Vorhaben »Das musst du auch mal machen!« abgespeichert. Eines Tages kam dann Juliane mit der Mitteilung, wir würden die Osterferien auf Djerba verbringen, mit Waltraud und Jochen. Waltraud hatte Juliane eingeladen, um ein altes Versprechen einzulösen. Ich müsse aber für uns beide buchen, denn Waltraud wollte nicht wieder den Ärger mit einer Stornierung unserer Buchungen haben, wie damals bei der gemeinsam geplanten Capri-Reise. Damals hatte wieder einer unserer heillosen Konflikte unsere Reisevorbereitungen torpediert, ich war zum wiederholten Mal ausgezogen, und wir hatten die Reise abgesagt.

Aber diesmal hielten wir durch, und nicht nur bis zum Reiseantritt, sondern sogar auch noch ein paar Tage darüber hinaus.

Bis es dann passierte.

Das Fünfsterne-Hotel war im Halbrund um eine großzügige parkähnliche Gartenanlage gebaut, die in der Mitte von einer ebenso beeindruckenden Pool-Landschaft beherrscht wurde. Wer jedoch das Baden im Meer bevorzugte, konnte durch die Poolanlage hindurch, über einen von Blumenbeeten, blühenden Büschen und Palmen gesäumten Steinweg, die zwischen Hotel und Strand laufende Straße und einen daran anschließenden sandigen Pfad zum Strand gelangen, wo in langen parallelen Reihen Strohschirme über den Liegen im Seewind schaukelten.

Weil es uns in den vorderen Reihen zu windig und in den hinteren zu heiß war, hatten Juliane und ich auf der rechten Strandhälfte einen Schirm in einer der mittleren Reihen ausgesucht. Ich richtete für Juliane eine Liege her und stellte eine zweite Liege für sie als Windschutz auf. Juliane legte sich in ihrem schwarzen Badeanzug bäuchlings auf die Liege, ihren Kopf steckte sie in die Beuge ihres rechten angewinkelten Arms. Ich hockte mich mit Zeruya Shalevs „Liebesleben“ auf eines der hellblauen Hotelhandtücher neben sie.

Urlaub war im Grunde für mich immer in erster Linie Lesezeit, aber jetzt auch Beobachtungszeit und Hoffnungszeit, denn schon in den wenigen Tagen mediterraner Atmosphäre und Erholung begannen sich die zerstörerischen Spannungen zwischen uns zu legen. Ich beobachtete Juliane, besonders die dichte schwarze Flut ihrer Haare, die sich von selbst in begeisternder Anmut ordnete. Sie war schön, wenn man ihr Gesicht betrachtete, und ihre Frisur gab, von der Seite gesehen, ihren Zügen einen sportlich-herausfordernden Schwung.

Oftmals konnte ich mich nicht an ihrem Hinterkopf sattsehen, keine andere Frau schien ihren Kopf mit so viel natürlicher aristokratischer Haltung zu tragen. Dabei ging sie nur dann zum Friseur, wenn die dichte Wolle ihres Haares zu sehr gewuchert war. Ansonsten ging sie einfach unter die Dusche, fönte danach ihre Haare, ohne ein Hilfsmittel zu benutzen, fuhr dann kopfüber vorgebeugt mit gespreizten Händen durch ihren Wuschelkopf und hatte in null Komma nichts wieder eine Traumfrisur.

Vielleicht war es auch diese fraglose Ästhetik ihrer Erscheinung, die mich immer wieder auf eine verlässliche Dauer unserer Beziehung hoffen ließ – bis sich irgendwann ihre Seele wieder kräuselte, dunkle Schatten darüberhuschten und ich wieder, in meiner hilflosen Liebe gefangen, niedergemacht wurde.

Jetzt aber herrschte Strandfrieden unter heißer Sonne, und der Seewind spielte mit kleinen Büscheln ihres schwarzen Haares, richtete sie auf, ließ sie hin- und herpendeln und ordnete sie zu immer neuer Faszination. Ich kam gar nicht zu meinem Buch, brauchte ja im Grunde auch gar nicht über das Liebesleben anderer zu lesen, denn ich spürte, wie ihre bloße Erscheinung wieder mein Inneres überströmen ließ.

»Schatzi«, sagte sie da, ohne den Kopf zu heben, »kannst

du mir ein wenig den Rücken einreiben, die Sonnenmilch liegt in unserem Zimmer, vor dem Spiegel.«

Damit hatte meine ohnehin nach Betätigung suchende Liebe eine Möglichkeit der Bewährung gefunden.

So ist sie, dachte ich, das freche Luder, mutet mir mehrere hundert Meter zum Hotel und zurück zu, so eben mal, fast nur mit einer Nebenbemerkung. Aber solche Provokationen der positiven Art liebte ich eben auch an ihr, und so machte ich mich durch die Reihen der Schirme nach rechts, nach links, dann wieder nach rechts auf den Weg.

Als ich zurückkam, lag sie noch in ihrer alten Stellung, offenbar in Erwartung meiner Rückenpflege. Mein Roman, dessen Titelbild den Rücken einer nackt dasitzenden Frau mit langem Zopf erkennen ließ, lag auf dem Handtuch im Sand neben ihr. Der Windschutz war nach rechts geschoben, wohl weil der Wind gedreht hatte. Ich setzte mich vorsichtig auf den Rand der Liege, ließ ein paar Tropfen Sonnenmilch auf ihren Rücken fallen und rieb sie damit so sanft wie möglich ein.

Seltsam, bis jetzt war mir noch nie aufgefallen, dass ihr schwarzes Haar einen goldbraunen Schimmer hatte und schon von etlichen weißen Strähnen durchsetzt war. Ohne sich umzudrehen, streifte sie die Träger des Badeanzuges über ihre Schultern. Nun wartete die gesamte obere Hälfte ihres Rückens darauf, mit der Sonnenmilch massiert zu werden. Ich strich ihr mit beiden Händen vom Hals über die Schultern und wieder zurück, legte dabei meine ganze Begeisterung für sie in immer neue Massagebahnen und spürte den Strom, der durch meine Fingerspitzen in ihren Körper lief. Um den oberen Rand ihres Badeanzuges noch weiter nach unten ziehen zu können, streifte ich die Träger weiter über ihre Arme. Spätestens jetzt hätte das Sternbild ihrer Leberflecken erscheinen müssen, die sich wie eine braune Landschaft auf der rechten

Seite ihres Rückens ausgebreitet hatten. Stattdessen musste ich mich über ihre makellose Haut auch an dieser Stelle wundern.

Meine Verwunderung dauerte jedoch nur einen kurzen Augenblick.

Denn im selben Moment sah ich Juliane, die mit vor Eifersucht verzerrtem Gesicht wenige Meter vor mir stand, und durch meinen Kopf zuckte eine ungeheure Erkenntnis.

»Das ist ja unglaublich!«, presste Juliane heraus. »Komm sofort her!«

Die Frau auf der Liege hob ein wenig den Kopf, blickte durch ihre Sonnenbrille erst Juliane, dann mich an und sagte nur »Danke!«, anscheinend völlig unberührt von Julianes Zorn und meiner Verwirrung.

Völlig verdattert sprang ich von der Liege auf, stammelte irgendeine Entschuldigung und wollte meinen Irrtum erklären, wobei ich mich beeilte, die Flasche mit der Sonnenmilch wieder zuzuschrauben. Juliane, bebend vor Zorn, war inzwischen zu unserem Sonnenschirm zurückgestapft, raffte ihre Sachen zusammen und lief in Richtung Strand. Ich rannte hinter ihr her. »Das ist ja ... völlig unglaublich!«, keuchte sie. »Na, wenn ich das Waltraud und Jochen erzähle!«

»Hör mir doch zu!«, rief ich hinter ihr her. »Das war ein Irrtum, ein Missverständnis. Ich wollte doch DICH einreiben!«

»Ein Irrtum?«, fauchte sie. »Du merkst nicht, ob du deine eigene Frau berührst oder irgendeine andere?! Und dann so eine Indianerin! Bist du so abgestumpft?! ... Und dann diese Hingabe, dieses verklärte Gesicht!«

»Aber das galt doch *dir*!«, warf ich hilflos ein.

»Bei mir hast du *noch nie* so ein Gesicht gemacht!«

»Dann hast du das nur noch nicht gesehen! Du kannst

doch nicht ernsthaft glauben, dass ich bewusst eine wildfremde Frau einreibe?«

»Einreiben ... Einreiben?« Sie schrie es fast. »Das war doch ganz eindeutig eine Liebesmassage!«

»Ja, für dich, für dich! Das war doch für dich gedacht!«

Nun spürte ich, wie sich wieder dieser Abgrund in unserer Beziehung auftat, wie sich augenblicklich wieder der Boden des Vertrauens auflöste, wie von einer Minute zur nächsten wieder alles anders wurde, wie meine Liebe unter ihrem eisigen Blick erstarrte, wie mich diese unendliche Enttäuschung überflutete, dass meine Liebe wieder einmal von ihr zu Ablehnung umgedeutet wurde, und wieder einmal verwandelte sich meine Hilflosigkeit in heillose Wut. Wieder wusste ich, dass ich von ihr wegmusste – weg, nur weg, sonst würde ich sie eines Tages umbringen.

Ich hörte auf, hinter ihr herzulaufen, und ging den Strand die andere Richtung entlang. Alles war so schön gewesen, hätte weiter so schön sein können, und plötzlich war wieder alles zum Kotzen! Der Urlaub hin, die Erholung hin, die ganze Ungewissheit wieder da. Ich würde mit ihr nie zu einem Gefühl dauerhafter Verlässlichkeit kommen. Ich musste endlich die Entscheidung zur Trennung treffen – diese Entscheidung, vor der ich mich bisher immer feige gedrückt hatte.

Im Grunde wollte ich doch immer zu ihr, wollte ihr Vertrauen und vor allem ihr Verständnis. Himmel, es wäre doch im Grunde alles so einfach! Sie brauchte sich von mir doch nur lieben und verwöhnen zu lassen – war das denn so schwer? Warum konnte sie nicht erkennen, dass ich sie doch nur lieben, ihr doch nur Gutes tun wollte? Warum deutete sie das immer wieder in Versuche um, sie zu verletzen? Manchmal glaubte ich, dass ein Dämon der Selbstzerstörung in ihr wohnte, ein Dämon, der ihr verwehrte,

Glück und Liebe anzunehmen, weil er dadurch besiegt worden wäre.

Und ich war sein Feind, das wusste ich – sein Feind, weil ich ihn erkannt hatte. Mich musste er ausschalten. Er wäre verloren, würde meine Liebe siegen. Manchmal hatte ich schon geglaubt, ich hätte den Kampf gewonnen, doch dann tobte ihr Dämon wieder los, aus irgendeinem beliebigen, nichtigen Anlass – weil sie etwas Liebevolles, das ich ihr zukommen ließ oder zukommen lassen wollte, wieder in einen Akt der Verletzung umgedeutet hatte. Jahre hatte es gedauert, bis ich begriff, dass ich von ihr für fast jede gute Tat bestraft wurde, wobei das Maß ihrer Strafe bestimmt wurde vom Maß des Guten oder des Liebevollen, das ich ihr zukommen ließ: bei kleinen Wohltaten kleine Strafen, bei großen eben große. Aber meine Liebe zu ihr verlangte nach liebevollen Taten, und so brachte meine Begeisterung immer neue Abweisungen hervor. Bis mir eines Tages klar wurde, dass ich ihr nur um den Preis der Bestrafung Gutes tun konnte – und ich nahm das in Kauf. Ich liebte sie eben.

Mit diesen Gedanken war ich wieder bei unserem Schirm angekommen. Die Liege war leer, aber auf der Liege lagen mein Handtuch und mein Buch. *Auf* der Liege! Ordnungssinn oder Friedensangebot? Ich blickte zu den anderen Schirmen, die nun meist über leeren, von den Strandwächtern schon wieder geordneten und ihrer Auflagen entkleideten Liegen schaukelten. Auf welcher dieser Liegen mir dieser schlimme Irrtum unterlaufen war, konnte ich nicht mehr erkennen.

Schlimmer Irrtum?

Eigenartig, erst jetzt schob sich dieser Vorfall von vorhin wieder in den Vordergrund meiner Gedanken.

Wie konnte mir das passieren?

Konnte ich meinen Lapsus als „puren Zufall" abtun? Als etwas, das einem deutschen Professor in seiner sprichwörtlichen Zerstreutheit nun mal passieren konnte? Oder gab es hier einen tieferen Sinn, eine Bedeutung dieses Vorfalls, die sich mir erst später erschließen würde? Da war diese völlig gleichartige Szenerie, gleichartig jedenfalls bei flüchtigem Hinsehen, bei der mir nur die geänderte Position der Liege aufgefallen war. Aber „sie" hatte wie vorher auf dem Bauch gelegen, mit ihrem Kopf in der Armbeuge, mit ihrem schwarzen Haar hatte der Wind gespielt, und auf einem hellblauen Handtuch hatte mein Buch gelegen – oder besser gesagt ein weiteres Exemplar des Buches, das auch ich gerade las.

Doch jetzt musste ich mir eingestehen, dass nur das grobe Gesamtbild übereinstimmte, während sich Details durchaus anders dargeboten hatten, was ich jedoch fahrlässigerweise ignoriert hatte. Womit ich auch gegen meine Einsicht verstoßen hatte – auch das musste ich nun zugeben –, dass sich die Wahrheit meist im scheinbar Nebensächlichen zeigt – bei Menschen und in bestimmten Situationen. Es hatte ja nicht nur der Windschutz anders gestanden, ich hatte nicht nur einen unbekannten Schimmer im Haar wahrgenommen, den ich bei Juliane noch nie gesehen hatte, auch die ganze Nackenpartie war ja anders, zurückhaltender und zarter modelliert gewesen. Das Buch hatte mit dem Titel nach oben gelegen (wo ich doch in der Öffentlichkeit meine Bücher immer mit der Rückseite nach oben legte, um nicht den Eindruck zu erwecken, ich wolle das Niveau meines literarischen Anspruchs demonstrieren).

Ich hatte das alles irgendwie wahrgenommen, es aber verdrängt. Und jetzt erreichte das eigentlich Erinnernswerte dieses Vorfalls mein Bewusstsein (warum geschah das erst jetzt, wo es doch das eigentlich Bedeutsame der kurzen Szene war?): Es war ihr „Danke!“, ihre Gelassenheit, mit der sie dieses „Danke!“ in Anbetracht von Julianes wütendem Kommandoton aussprach, und es war der Ausdruck ihres Gesichts, in dem sich Festigkeit, Klarheit und Melancholie vereinten.

Sie hatte ihr „Danke“ wie zu einem alten Freund gesagt, der ihr seit langer Zeit vertraut war. Warum hatte sie sich nicht über diese Intimität beschwert, meine Anmaßung empört verurteilt? Warum hatte sie es überhaupt geschehen lassen, ohne jede erkennbare Reaktion, warum hatte sie sogar selbst noch die Träger ihres Badeanzugs von ihren Schultern gestreift? Hatte auch sie vielleicht jemanden erwartet, von dem sie sich einreiben lassen wollte?

Das würde aber nur ihr anfängliches Verhalten erklären, nicht aber ihre dankbare Reaktion, nachdem sie mich, den Fremden, und die ganze Situation erkannt hatte. Ich konnte nicht anders, ich musste diese scheinbar zufällige Verwechslung als ein Zeichen sehen – ein kurzes Offenbarwerden eines ganz und gar nicht zufälligen Geschehens, das gezielt mich betraf. Ich musste lächeln: Vielleicht phantasierte ich mir diesen tieferen Sinn jetzt nur zusammen? Aber nein, ich spürte eine tiefe Gewissheit in mir, die diesem Zwischenfall – gegen alle vordergründigen Erfahrungen – eine besondere Bedeutung zumaß.

Wie auch immer, dachte ich, du wirst es herausfinden müssen! Ich nahm meine Sachen und ging unter der schräg brennenden Sonne dieses Spätnachmittags in unser Hotel, wo ich mir von einem der freundlichen Angestellten die Tür zu unserem Appartement aufschließen ließ. Juliane war nicht da, hatte sich aber offenbar schon für das Abendessen umgezogen. Ich duschte, kleidete mich an und rief bei Waltraud und Jochen an.

»Hallo, Mister Casanova!«, meldete sich Waltraud. »Also man hört ja Dinge!« Sie säßen mit Juliane auf dem Balkon, ich könne gern zu einem „Prä-Dinner-Drink“ dazukommen. Ich lehnte dankend ab, und wir verabredeten uns in einer Viertelstunde im Speisesaal.

In der mit Tausend-und-einer-Nacht-Elementen ausgestatteten Eingangshalle war der Hotel-Animateur mit vielen Kindern aus dem Hotel wieder einmal beim allabendlichen Ententanz angelangt, mit dem das Nachmittagsprogramm immer beendet wurde. Der Animateur und die Kinder standen im Kreis, klatschten und machten entengleiche Watschel- und Flügelbewegungen mit ihren Armen. Unterstützt wurde diese Runde durch einen optimistischen Chor aus einem CD-Player, der diesen Entensong auf Französisch wiedergab, wobei sich einige Grüppchen von Hotelgästen an diesem Spektakel in Erwartung des gewohnt üppigen Abendbuffets erfreuten.

Ich habe nie begriffen, wie manche Zuhörer bei zündender Musik ruhig bleiben konnten, ich jedenfalls musste mich zu solchen Rhythmen bewegen. Und so wackelte auch ich gemeinsam mit den anderen Entenpos und flatterte mit meinen Armen entengleich auf und ab, wobei manche Hotelgäste mich freundlich belächelten. Da wurde ich an einem meiner Flügel gepackt, und Juliane stellte fest, ich müsse mich wieder einmal in den Mittelpunkt stellen und den Hanswurst für alle spielen – anders könne ich ja nicht.

Ich war froh über diese neue, groteske Fehleinschätzung, hatte sie doch damit wieder einen Ansatz gefunden, durch den sie mich als mit Fehlern behafteten Gefährten ertragen konnte.

»Na, mein Lieber«, sagte Jochen dann an unserem Tisch über seinem winzigen Hors d'oeuvre. (Jochen nahm von allem immer nur eine Kleinigkeit, denn da er das Schwimmen ebenso ablehnte wie jegliche anderen Meer- oder Poolaktivitäten und an manchen Tagen stundenlang auf dem Zimmer blieb, bei welchen Beschäftigungen auch immer, verbrauchte er kaum Kalorien.)»Du willst also jetzt auch hier als Animateur tätig werden – gut so!«

»Lieber Henning«, leitete Waltraud den Themenwechsel ein, »die Version deiner Juliane kennen wir ja schon, jetzt wollen wir gern deine hören: *Audiatur et altera pars* – es möge auch die andere Seite gehört werden!«

Bei aller Freundschaft zu Juliane war Waltraud doch um abwägende Objektivität bemüht. Zu erwähnen ist dabei, dass ihre Freundschaft sich erst entwickelt hatte, nachdem Waltrauds Ehe mit Julianes Vater in die Brüche gegangen war. Manchmal dachte ich, dass Waltraud über die Brücke der Freundschaft zu ihrer früheren Stieftochter auch eine emotionale Verbindung zu deren Vater, zumindest zu ihrer Zeit mit dem Vater hielt. Ich hatte einmal Bilder aus der Zeit dieser früheren Verbindung gesehen, die für beide die zweite Ehe war, und nur mit Mühe die damals langhaarige Waltraud wiedererkannt. Die Bilder zeigten eine Frau ohne Eigenheiten.

Jetzt hatte sie ihr Gesicht gefunden. Waltraud war schlank und hoch gewachsen. Sie trug ihre dunkelblonden Haare kurz, mit sportlichem Seitenschwung, der in einem hochgestuften Nacken endete. Man konnte sie durchaus als schön, zumindest jedoch als apart bezeichnen, mit ihrem klar gezeichneten Gesicht, ihrer kleinen, aber markanten Nase und Augen, die ausdrucksvoll unter zwei schwingenden Lidbögen lagen. Diese Augen konnten sich jedoch, bei entsprechender psychischer Disposition, verkleinern und einen stechenden Ausdruck annehmen.

Jetzt blickte sie mich auffordernd an und wartete schweigend auf meinen Bericht. Auch Juliane schwieg, wenn auch weniger erwartungsvoll denn aus einer Contenance, die sie in Gegenwart ihrer Freunde immer an den Tag legte. Mit ihren Vorwürfen, Verdächtigungen und Herabsetzungen überschüttete sie mich erst, wenn wir allein waren.

Ich erzählte die Geschichte so, wie ich sie erlebt hatte, wobei ich meine Empfindungen für die vermeintliche Juliane bei der Einreibaktion dezent einbezog.

Juliane beließ es bei der Feststellung, ich sei schon immer ein guter Märchenerzähler gewesen. In Wahrheit habe ich nur eine weitere Gelegenheit genutzt, mich an ein anderes Weib heranzumachen.

»Ich glaube, da tust du Henning Unrecht«, sagte Waltraud. »Richtig nachvollziehen kann ich die Sache allerdings erst, wenn ich dein mysteriöses Double gesehen habe.« Sie hob den Kopf und blickte in die Runde.

»Oh ja«, warf Jochen erfreut ein, »jetzt machen wir uns auf Frauenjagd! Endlich kommt ein bisschen Spannung in diesen müden Urlaub!«

»Müde bist nur du«, beschied ihn Waltraud. »Wenn man sich allem verweigert und immer nur auf dem Zimmer hockt, dann ist eben nichts aufregend oder anregend. Nimm dir ein Beispiel an unserem Henning! Du solltest auch mal den Rücken einer Frau massieren!«

»Oh ja!« Jochen setzte eine leicht diabolische Miene der Überraschung auf, mit weit geöffneten Augen Tatendurst vorspiegelnd. »Morgen geh' ich gleich auf Suche!«

Ganz sicher hätte er – bei seinem Aussehen – dabei Chancen gehabt: mittelgroß, schlank, immer gut, wenn auch immer gleich gekleidet, insgesamt mit einem kultivierten Outfit und mit seriösen Gesichtszügen. Zudem gab ihm sein – bis auf einen umlaufenden Seitenkranz – haarloser Kopf ein markantes Aussehen, wobei seine Bräune ihm eine zusätzliche Attraktivität verlieh.

»Wenn diese Person Juliane so ähnlich sieht, müssten wir sie eigentlich ausfindig machen können«, befand Waltraud, »so viele Frauen mit schönen schwarzen Haaren gibt es ja nicht!«

»Also Augen auf!«, rief Jochen aus und stand auf, um sich eine weitere kulinarische Petitesse auszusuchen. Aber nicht nur an diesem Abend, auch an den beiden folgenden Tagen und Abenden konnten wir die Gesuchte nicht entdecken. Außer Juliane schien es überhaupt keine schwarzhaarige Frau im Hotel zu geben.

Ich spürte, wie sich in den folgenden Tagen eine Art Trauer in mir ausbreitete, mir das Hotel immer leerer vorkam und alles um mich herum immer belangloser wurde. Am dritten Abend war ich allein vom Tisch aufgestanden, hatte mich an den übrigen Tischen und Gästen vorbeigeschlängelt, war die drei Stufen zum Buffet hochgegangen und stand nun unschlüssig mit meinem Teller in der Hand vor dem langen Tisch mit Vorspeisen, als eine Stimme neben mir sagte: »Ich möchte mich noch einmal bei Ihnen bedanken. Noch niemals hat mich jemand so zart und liebevoll eingerieben.«

Ich drehte mich zur Seite und blickte überrascht auf die Frau links neben mir, die sich mit ihrem blonden Bubikopf zu mir gewandt hatte, dabei aber in Richtung unseres Tisches blickte, an dem sich Juliane, Waltraud und Jochen unterhielten.

»Aber sie waren doch schwarz!«, brachte ich überrascht heraus. »Ja«, erwiderte sie, »ich trage eine Perücke. Das macht die Sache doch einfacher – auch wenn es manchmal ein bisschen warm ist.«

Da hätten wir ja noch lange suchen können!

»Das war übrigens eine Verwechslung – das ist mir immer noch peinlich«, wollte ich mich entschuldigen.

»Das war keine Verwechselung«, sagte sie ruhig und leise, »es war eine lange vorherbestimmte Notwendigkeit ... Ich sehe gerade, ihre Frau steht auf ... Ich wohne in Zimmer 106, direkt über Ihrem, wie wäre es morgen, vor dem Ententanz?« Während sie das sagte, sah sie mir direkt ins Gesicht, lächelte mich an und kniff kurz ihr rechtes Auge zu.

Ja, das war ihr Gesicht! Ich würde sie immer wiedererkennen! Sie drehte sich nun um und ging ohne Eile zum nächsten Tisch, während ich versonnen noch von diesem und jenem auf meinen Teller häufte. Ich sah Juliane auf mich zukommen, wandte mich ihr zu und machte sie auf ein paar besondere Leckerbissen aufmerksam. »Das ist lieb von dir!«, sagte sie, wählte dann jedoch etwas anderes aus. Wir gingen zusammen zu unserem Tisch zurück, das anschließende Gespräch mit unseren Freunden drehte sich wieder um Belangloses.

Zurück auf unserem Zimmer legte ich mich auf das Bett. Das Hotel hatte wieder zu leben begonnen. Ich blickte gegen die Decke, gegen diese undurchdringliche, vielversprechende Decke. Juliane fragte, ob sie noch ein wenig fernsehen könne, und ich sagte, selbstverständlich, so lange du willst, streckte meine Hand nach ihr aus und schlief bald ein.

Zum Frühstück am nächsten Morgen hatten wir einen Tisch auf der Terrasse in der Nähe des Pools genommen. Über uns wölbte sich ein strahlender Mittelmeerhimmel, und in der Luft war noch die Frische der Nacht. Im Pool kräuselte ein schmeichelnder Wind die Oberfläche des kristallklaren Wassers. »Das ist nun also der Rand von Afrika!«, sagte ich zu den dreien. Uns alle trug langsam die Erholung. Zum Thema Erholung habe ich so meine Stufentheorie. Ich bin der Überzeugung, man erholt sich nicht in einem linearen

Prozess, sondern in Sprüngen, von Plateau zu Plateau. Wir hatten alle inzwischen ein deutlich höheres Plateau erreicht.

Waltraud schlug vor, in die Stadt zu fahren, dort Fisch zu essen und danach auf den Basar zu gehen. Mein Einwand, das Wetter sei doch viel zu schön dafür, wurde mit dem Hinweis abgetan, laut Wettervorhersage werde es die ganze Zeit so bleiben, und dann kämen wir überhaupt nicht mehr in die Stadt.

In der Taxe, die uns in die Stadt brachte, musste ich zum ersten Mal daran denken, was wohl auf Zimmer 106 geschehen könnte. Würde sie gar nichts sagen und mich einfach küssen? Oder würden wir gleich im Bett landen? Ich stellte mir vor, wie sie Kopf und Oberkörper mit vorschaukelnden Brüsten nach vorn beugen und mit angewinkelten Armen meine Stöße abfedern würde, stellte mir vor, wie sie sich umdrehen würde in dem Augenblick, wenn wir beide kamen, um mich anzusehen, um bei mir zu sein. (Mit Juliane hatte ich diese Gleichzeitigkeit nie geschafft.) Oder würden wir nur verlegen miteinander reden, und jeder dabei verstohlen auf die Uhr schauen?

»Hallo, Herr Professor, ist jemand zu Hause?« Juliane, die mit den beiden anderen auf dem Rücksitz saß, klopfte mir auffordernd auf die Schultern.

»Ach, ich träume nur so« – das war nur halb gelogen – »es ist ein so schöner Tag!«

Die Zeit in der Stadt verging ziemlich schnell – besonders nachdem wir einen unserer Kellner trafen, der uns mit der Versicherung »Ich habe damit nichts zu tun!« in eine Teppichknüpferei schleppte, wo uns die Weberinnen bunte Glücksfäden um die Gelenke banden, während der „Chef", wegen Waltrauds Interesse an einem seidenen Dreitausend-Euro-Teppich, mein Interesse an einem kleinen Kelim konsequent ignorierte, den ich dann allerdings kaufte, während

Waltraud, von Jochen wenig einfühlsam an die Stapel unausgepackter Teppiche in ihrem Keller erinnert, von diesem neuerlichen Erwerb Abstand nahm.

Gegen fünf Uhr waren wir wieder im Hotel. Ich drehte noch ein paar Runden im Pool, träumte danach noch ein wenig in der Sonne und ging dann aufs Zimmer, um zu duschen und mich umzuziehen. Juliane stand vor dem Spiegel und zupfte sich einzelne Haare aus.

»Heute machst du dich aber früh fertig«, stellte sie fest, »du kannst deinen Auftritt wohl nicht abwarten! Heute komme ich aber mit, damit ich deine Show von Anfang an erleben kann!«

»Ich will aber gar nicht zum Ententanz«, ließ ich sie wissen, »ich will noch ein wenig um das Hotel herumlaufen, die Stadtluft war so staubig«

»Eine prima Idee, statt da unten den Hanswurst für alle zu spielen. Ich komme mit!«

Juliane streifte ihr Kleid über, zog die Lippen nach und lackierte – wie üblich als Letztes – ihre Fingernägel. Bis in die Hotelhalle spreizte sie ihre Hände mit den frisch lackierten Nägeln anmutig vom Körper ab. Wir gingen um die Kids, die wieder mit ihrem Ententanz begonnen hatten, herum ins Freie. Auf dem Weg zum Strand fächelte Juliane noch ein paar Mal ihre gespreizten Hände graziös durch die Luft, hakte sich dann bei mir ein und sagte: »Ich bin so froh, dass es dich gibt!«

»Dito, dito!«, erwiderte ich etwas verlegen – was konnte ich in diesem Moment auch sonst sagen?

»Ich finde, das ist ein richtig schöner Urlaub geworden!«, fuhr sie fort, und ich stimmte ihr zu.

»Irgendwie bist du verändert«, meinte sie, »ich finde dich jetzt richtig lieb!«

Du ahnungsvoller Engel du, dachte ich, versuchte ein Lächeln und erwiderte: »Selber lieb!« Das sei ja kein Kunststück, meinte sie, wenn man einen so lieben Mann habe.

War ich lieb, weil sie lieb war? Oder war sie lieb zu mir, weil ich zu ihr …? Wie war das nun mit der Kausalität? Vielleicht musste ich ihr ja einfach nur ganz kritiklos zugewandt sein, und sie würde darauf entsprechend reagieren? – Ich Narr, wie oft aber hatte ich mich doch „lieb" verhalten, und dann kam aus heiterem Himmel eine ihrer Seelenverfinsterungen, und ich stand wieder hilflos da!

Als wir zurückkamen, saßen Waltraud und Jochen schon am Tisch und hatten wieder ihren Lieblingswein bestellt.

Waltraud meinte zu mir: »Ich glaube, lieber Henning, du hast ein Phantom eingerieben. Ich habe heute systematisch alle sichtbaren Hotelgäste durchgemustert, aber deine mysteriöse Schwarze nicht gefunden!«

»Es kommt auch vor, dass Gäste wieder abreisen«, bemerkte Jochen.

»Ach kommt!«, rief Juliane aus. »Lasst uns nicht wieder davon anfangen!« So plätscherte die Essenszeit denn dahin, mit ihren herrlich belanglosen Geschichtchen, kleinen Witzen, moderatem Plündern des Buffets und wiederholtem Anstoßen auf dies und jenes, während ich an *sie* dachte. Es war mir unangenehm, die Verabredung, die ja keine war, nicht eingehalten zu haben. Juliane strahlte mich an, und ich bemühte mich, zurückzulächeln, aber ich musste mir eingestehen, dass meine Frau, meine Freunde, das ganze phantastische Hotel, Pool, Wind und Sonne, dass dies alles mehr und mehr bedeutungslos für mich geworden war. Schließlich befreite ich mich aus dieser spannungsvollen Schieflage mit der Ankündigung, mir noch einen Nachtisch zu holen.

»Oh ja, da komme ich mit!« Juliane hatte offenbar das Bedürfnis, an meiner Seite zu sein, aber ich wusste, dass ich jetzt alleine gehen musste. »Schatzilein«, versprach ich, »ich bringe dir eine Überraschung mit – wie findest du das?« Juliane ließ sich überzeugen.

Wie von einer unsichtbaren Kraft geleitet, bewegte ich mich wieder an dieselbe Stelle des Buffets, wo *sie* am Vorabend so unverhofft neben mir gestanden hatte, und begutachtete das Angebot an Speisen.

»Das hat wohl heute Nachmittag nicht geklappt«, hörte ich da ihre Stimme neben mir, wobei sie sprach, ohne mich dabei anzusehen, »vielleicht ein neuer Versuch morgen zwischen zwölf und eins oder wieder abends zur Ententanzzeit. Es muss einfach sein, und ich freue mich.« Damit war sie wieder verschwunden. Ich wagte nicht, ihr hinterherzusehen.

Jochen und Juliane gingen vorweg, als wir nach dem Essen in die Bar schlenderten, wobei Waltraud die Gelegenheit wahrnahm, mich zu fragen, was denn die blonde Frau von mir gewollt habe, die mich am Buffet angesprochen hatte.

»Sie hat mich gefragt, ob die Profiteroles gut seien«, log ich.

»Man hätte fast denken können, dass sie dich kennt«, befand Waltraud, »sie benahm sich so, als seid ihr beide miteinander vertraut.«

Waltraud konnte wirklich beharrlich sein!

»Ich habe noch nicht mal ihr Gesicht gesehen«, entgegnete ich und sagte damit zumindest die halbe Wahrheit.

In der Nacht wachte ich immer wieder auf. Dann legte ich mir jedes Mal Szenarien, Zeitabläufe und Erklärungsstrategien zurecht, mit denen ich diese Stunde um die Mittagszeit für mich freischaufeln könnte.

Oder war es doch besser gegen Abend, zur Ententanzzeit? Nach den Erfahrungen von heute wäre das äußerst unsicher!

Außerdem war es besser, den Abend als Ersatztermin zu planen, falls es mittags nicht klappen würde.

»Lieg doch mal ruhig, du wälzt dich und wälzt dich, und ich kann nicht schlafen«, klagte Juliane irgendwann. »Komm in meinen Rücken und gib Ruhe!« Ich zwang mich zu dieser Nähe, schlief aber dann tatsächlich ein.

Das war überhaupt ein Phänomen, das mich verwirrte: So schnell mich Juliane immer wieder in hilflosen, bebenden Zorn versetzen konnte, so beruhigend wirkte auf mich der Kontakt zu ihr im Bett. Ich brauchte sie nur zu spüren, dann wurde ich ruhig und schlief ein. Aber wie lange würde ich in diesem unentschiedenen Zustand zwischen Abstoßung und Anziehung noch leben können?

Am nächsten, wieder wunderschönen Morgen lief dann alles wie von selbst. Ein gemeinsames Frühstück zu viert, danach gingen Juliane und ich zu unseren Liegen bei Waltraud und Jochen, die etwas entfernt vom Pool lagen. Wir lasen, unterhielten uns und schwammen zwischendurch ein paar Runden. Gegen halb zwölf fragte Waltraud Juliane, ob sie mit ihr auf den Töpfermarkt ginge – und ob vielleicht auch einer der Herren mitkommen wolle.

Jochen und ich dankten wie aus einem Munde. Frauen müssen auch mal unter sich sein, bemerkte Jochen kenntnisreich. Die beiden Frauen zogen sich kurze Hosen und T-Shirts an. Ich bekam einen Abschiedskuss von Juliane, und Waltraud kündigte ihre Rückkehr „in einer guten Stunde" an, dann könne man ja eine Kleinigkeit im Pool-Restaurant essen.

Ich überlegte, wie ich Jochen nun klarmachen konnte, dass ich unsere Männer-unter-sich-Situation nicht voll auskosten, sondern erst einmal aufs Zimmer gehen wollte. »Ich werde mal eben verschwinden und mich ein wenig mit Literatur versorgen«, hörte ich mich sagen und stand dabei auf. »Tu das!«, antwortete er.

Ich zog meine Shorts und mein Tennishemd an und ging in das Hotelgebäude.

Was wollte ich denn nun eigentlich? War ich gerade dabei, mutwillig diesen Urlaub zu zerstören, der von Tag zu Tag schöner wurde, und dabei auch gleich meiner Ehe den Todesstoß zu versetzen? War Juliane nicht zunehmend verständig und lieb? Was wollte ich eigentlich noch darüber hinaus? Jagte ich nicht einer Chimäre nach? Konnte es sein, dass Julianes selbstzerstörerischer Dämon zu mir gewechselt war und nun mich hämisch lachend auf einer fatalen Bahn vorantrieb, an deren Ende mein leidvolles Glück (ein anderes Menschenglück gab es nach meiner Überzeugung nicht), in Scherben liegen würde?

Da stand ich aber schon vor den erhabenen goldenen Ziffern Eins-Null-Sechs. Die glatte, fast weiße Tür, die diese Zahl trug, war der übliche kultivierte Eingang zu einem Hotel-Appartement, und zugleich war es der Eingang zu dem Zimmer eines Sanatoriums und auch ein Tempeltor. Ich hob die Hand, um zu klopfen. Danach würde es kein Zurück mehr geben. In diesem Moment wurde die Tür von innen geöffnet, sie blickte mich mit einem wissenden Lächeln an, öffnete die Tür weiter und sagte: »Guten Morgen, kommen Sie doch herein!« Dann trat sie zur Seite und wies mit einer Geste in ihr Zimmer. Ich ging hinein, drehte mich zu ihr und brachte ein »Danke, guten Morgen!« heraus.

Mir wurde bewusst, dass ich weder Blumen noch sonst etwas mitgebracht hatte. Ich entschuldigte mich dafür, und sie lachte.

»Daran habe ich nicht einmal gedacht, das spielt doch überhaupt keine Rolle!«

Zum ersten Mal stand sie nun ganz nah vor mir. Ich sah den bräunlichen Schimmer ihrer schwarzen Haare und betrachtete ihr Gesicht, ein Frauengesicht ohne Besonderheiten, dessen Elemente zurückhaltend proportioniert waren – bis auf den Doppelschwung ihrer ausgeprägten Lippen, die ständig auffordernd zu lächeln schienen.

»Schauen Sie mich gern in Ruhe an, bisher hatten Sie ja keine Gelegenheit dazu!« Es war seltsam – ich fühlte mich weder ertappt noch war es mir peinlich, dass sie meine ungenierte Erkundung wahrgenommen hatte. »Ich bin Ihnen da um einiges voraus«, sagte sie und winkte mich auf den schattigen Balkon. Auf einem Tisch standen zwei Gläser und ein Krug mit Saft, daneben lag eine Spiegelreflexkamera mit einem beeindruckenden Teleobjektiv.

Sie blickte mich mit ihren großen Augen an, und ich wusste, dass es gleich geschehen musste. Sie hielt mir die Kamera hin, die ich vor die Augen hob, dirigierte dann das Sucherbild, in dem sich Details des Poollebens, Liegenausschnitte, Gesichter, Beine, Spielsachen und dann das leicht gespannte Gesicht von Jochen im Großformat zeigten. Sie stand etwas versetzt hinter mir, hatte ihre linke Hand auf meine Schulter gelegt und dirigierte mit der rechten das Objektiv, ich spürte ihren Körper an meinem Rücken und wie sie sich in ihren hochhackigen Sandalen reckte – das Bild im Sucher verwackelte leicht – dann fühlte ich ihre Lippen in meinem Nacken. »Liebster!«, flüsterte sie, ihre Lippen glitten vom Nacken zu meiner Schulter, nun ließ sie das Objektiv los und streichelte sanft meine Vorderpartie, wo das ragende Objektiv inzwischen konzessionslose Konkurrenz bekommen hatte. Sie zog mich in das Zimmer, zog meine Shorts mit galanter Ausweitung über das Hindernis auf den Boden, nahm mir die Kamera aus den Händen und warf sie auf die Couch, schlang dann ihre Arme um meinen Hals, umschlängelte meine Zunge und streifte ihre Bluse und ihr Shirt auseinander, um meine Überschüttungen mit ihrer nackten Haut aufzufangen. »Liebster, du mein Liebster«, flüsterte sie, zog mich auf das Bett, umschlang mich und deckte uns schützend zu. So lagen wir lange, während unsere Lippen sich immer neu fanden und unsere zärtlich streichelnden Hände auf Entdeckungsreisen gingen.

Dabei wurde ich sehr schnell neu aufgebaut – und konnte ihr nun statt der versäumten Blumen ein anderes Geschenk zukommen lassen.

Ich lag noch keine zehn Minuten frisch geduscht neben Jochen auf meiner Liege, da kamen auch schon die Frauen vom Keramikmarkt zurück. »Seht mal, hieraus lasse ich mir eine Lampe machen!« – Waltraud hatte ein ziemlich großes grün grundiertes Gefäß erstanden, dessen Deckel mit bunten Blumen- und Blattmotiven geschmückt war, und Juliane zeigte uns stolz eine hellgraue, zylindrische Kanne, die eine Tülle auf der einen und einen Griff auf der anderen Seite hatte, und die dezent oben mit einem dunkelblauen Rand und unten mit ebenfalls blauen, stilisierten Ranken geschmückt war.

Jochen und ich staunten pflichtgemäß und gratulierten artig, ich etwas zurückhaltender, denn ich wusste um das Teleobjektiv, mit dem die ganze Szene großformatig, begleitet von einem Lächeln, verfolgt wurde. In einem unbeobachteten Augenblick streckte ich die Zunge in Richtung der verschatteten Loggien aus.

»Kommt, ich lade euch zum Essen ein!«, bot ich an. Aber die Damen wollten nach der Hitze des Marktes erst einmal schwimmen gehen. Juliane wurde dann immer lockerer, und am Abend schickte sie mich schon eine Stunde vor Beginn des Dinners zu „deinem Ententanz“. »Ich hole dich dort ab«, sagte sie und schob mich aus dem Zimmer.

Ich klopfte nur ganz leise an die Tür mit der goldenen 106, im vereinbarten doppelten Zweierrhythmus. Die Tür wurde geöffnet, ohne dass jemand zu sehen war. Ich trat ein. Sie stand nackt hinter der Tür. Rückwärts gehend, befreite sie mich Stück für Stück von meiner Kleidung, deren Teile auf dem spiegelnden Marmorboden eine Spur bildeten. Sie schaute mir mit einem inneren Lachen in die Augen, führte mich zum Bett, kniete sich über mich und beugte sich zu meinen Mund. Dann rutschte sie auf ihren Knien höher, bis sie geöffnet über mir aufragte.

»Nun zeig mal, ob deine freche Zunge noch etwas anderes kann, als artige Hotelgäste zu verspotten!«

Sie konnte.

Als ich zum Ententanz kam, wartete Juliane schon. »Wo warst du denn so lange?«, fragte sie, und ich sagte ihr, dass ich auf der Toilette gewesen sei.

»So lange?«, fragte sie misstrauisch.

»Ja«, sagte ich, »ich war vorher noch draußen, mir war heute nicht nach Ententanz.« Damit hakte ich sie unter, und sie fuhr mir mit einer Hand durch die Haare. Dann öffnete sie ihre Handtasche und gab mir einen Kamm mit der Aufforderung, mich zum Essen „anständig zurechtzumachen“.

Waltraud und Jochen warteten schon am Tisch.

»Ich musste meinen Mann erst einmal in Fasson bringen«, eröffnete Juliane das Gespräch. Jochen stellte fest, ich sei doch immer in Fasson und *very handsome*. So begann unser Dinnergeplänkel wie an jedem Abend.

Ich bemühte mich um aufmerksame und witzige Präsenz, segelte aber immer wieder in die Bildlandschaften meiner

Erlebnisse in Zimmer 106. Sie führten in mir ein Eigenleben, als etwas Unwahrscheinliches und Traumhaftes, aber auch ungeheuer Großes, Wahres, Unvergleichliches. Mich konnte nichts mehr anfechten. Sie war da, und ich war von ihr erfüllt.

Eigenartig, dachte ich, dass sie ausgerechnet Julia heißt, wie die Stammform von Juliane.

»Wisst ihr«, sagte Juliane da in meine Gedankenverlorenheit hinein, »was ich heute gelesen habe? Einen Satz von Sigmund Freud: *Wo sie lieben, da können sie nicht begehren, und wo sie begehren, da lieben sie nicht!*«

»Das Madonna-Hure-Syndrom«, warf Waltraud als auch psychologisch geschulte Medizinerin ein, »damit habe ich meine Probleme!«

»Muss man ja auch haben, als vernünftiger Mensch«, skandierte Jochen, »das eine gibt es nämlich gar nicht, und das andere dient der Fortpflanzung. Und die brauchen wir ja überall, ob da nun „Liebe" ist oder nicht!«

»Was redest du wieder für einen Unsinn!«, fuhr Waltraud ihn an, und ihre Augen verkleinerten sich zu stechenden Punkten.

Wie die beiden es wohl trieben, fragte ich mich und entdeckte, dass ich darüber noch nie nachgedacht hatte. Ich konnte mir in diesem Moment gar nicht vorstellen, dass sie es überhaupt taten. Aber Lebenserfahrung und Vernunft sagten mir, dass sie es natürlich doch – irgendwie – miteinander treiben würden. Aber das ging mich schließlich auch nichts an! Und es hatte für mich auch nicht den geringsten Reiz, mir die Art ihrer Performance vorzustellen.

»Ich glaube, dass Freud da geirrt hat«, warf ich gelassen ein. »Ich jedenfalls könnte mir das eine nicht ohne das andere vorstellen.«

»Na, na!«, warf Jochen dazwischen.

»Wenn ich bei jedem Bumsen geliebt haben müsste«, offenbarte uns Waltraud (die hin und wieder von ihrer anscheinend sehr bewegten Zeit als Studentin der Medizin wie von einer erfolgreichen Jagd sprach, in der beiläufig ein paar kapitale Hirsche erlegt werden mussten), »dann hätte ich mich ja auch dauernd wieder entlieben müssen – das wäre mir doch zu anstrengend gewesen!«

»Ich glaube«, setzte ich noch einen drauf, »dass wir Männer durch unseren Schwanz eine Art Wahrheitsantenne haben. Wenn es nicht klappt, sollte man ...«

Waltraud lachte abschätzig. »Aber wenn es klappt, bedeutet das noch lange nicht, dass wir es mit der großen Liebe zu tun haben!«

»Das ist wie beim Rauchen«, beharrte ich, »so, wie es hunderte von Arten von Rauchern gibt, gibt es auch hunderte oder vielleicht tausende von Arten von ... von ...«

»... Fickern«, versuchte mir Waltraud zu helfen.

»Danke«, sagte ich, »ich wäre jetzt nicht auf die korrekte Bezeichnung gekommen! Aber es gibt nun mal eine Art des Erlebens, die einem signalisiert: Sie ist es! Oder, aus eurer Sicht: Er ist es!«

»Hast du denn schon mal dieses Signal dabei bekommen!«

Die Frage von Waltraud war nur logisch, und ich Dummkopf hatte sie provoziert! Ich war in der Zwickmühle, und daher sagte ich nur kurz »Ja!«

»Und? Darf man neugierig sein, wer die Glückliche war?«

Waltraud konnte die logische Folge ihrer Fragen bis an die Grenze der Grausamkeit treiben!

»Na, das dürfte doch wohl klar sein!« Juliane rettete mich, indem sie die ihr selbstverständlich zukommenden Rechte anmeldete. »Aber das geht mir jetzt zu sehr ins Intime!«

»Danke!« Ich legte kurz meine Hand auf ihren Arm und fragte dann, ob noch jemand für einen Nachtisch mitkommen wolle. Wie von mir erhofft, wollte das aber keiner der drei. Ich konnte also allein zu der Stelle am Buffet gehen, die mich magisch anzog. Ich ließ mir beim Gehen bewusst Zeit, blickte mich aber vergeblich um. Zu meiner stillen Freude bildete sich am Buffet eine kleine Schlange. Ich wartete geduldig, ließ andere in freundlicher Großzügigkeit vor und nahm mir dann noch viel Zeit bei meiner Auswahl.

»Du bist wunderbar«, hörte ich da ihre Stimme neben mir, und sie legte mir ein kleines Blätterteigstück in Herzform auf den Teller.

Am Tisch bot ich dann von meinem Nachtisch an, bekam aber drei Absagen.

»Ich habe den Eindruck«, sagte Waltraud plötzlich, »dass die große Unbekannte abgereist ist. Denn so sehr ich auch rumgeschaut habe, weit und breit war kein schwarzhaariges Frauenwesen, das Juliane auch nur etwa ähnlich gewesen wäre!«

»Ja, da hast du wohl Recht! Gott sei Dank ist mein Mann nun vor weiteren Versuchungen bewahrt!« Damit griff Juliane auf meinen Teller, nahm das Blätterteig-Herz mit zwei Fingern und aß es genussvoll mit zwei kleinen Bissen auf.

Fast hätte ich meine vorzuckende Hand nicht mehr bremsen können, es gelang mir jedoch, den Impuls durch eine Bewegung meines Oberkörpers aufzufangen. Nicht frei von Emotionen, konnte ich dann beobachten, wie die Liebesbotschaft stückweise hinter Julianes schimmernden Zähnen verschwand. Ob ich ihr das Stück nicht gönne, wollte Juliane, gnadenlos weiter kauend, wissen, ich würde ja dreinschauen, als futtere sie mir „alles Glück weg“. Ich beeilte mich, ihr zu versichern, ich hätte gerade an etwas anderes gedacht, und versicherte ihr meine Freude, dass sie nun doch von meinem Nachtisch-Angebot Gebrauch gemacht habe.

»Na, dann ist ja alles in Butter!« Mit dieser Bemerkung wurde der erste Teil des Abends gut gelaunt abgeschlossen, und wir machten vor dem Gang auf unsere Zimmer den obligatorischen Umweg zur Hotelbar, wo Jochen seinen Espresso, Waltraud ihren Weißwein und Juliane und ich unseren Cinzano bianco mit Eis und Zitronenscheibe tranken, wie an jedem Abend.

Im Bett streckte Juliane ein Bein zu mir herüber, dann schlief sie nach einer sachlich-beiläufigen Bemerkung über unsere platonische Ehe und die Vorteile, die dies doch eigentlich mit sich bringe, ein.

Gern hätte ich es ihr gleichgetan, es ging aber nicht. Ein milder Nachtwind spielte mit der Gardine vor dem Balkonfenster, die in der dezenten Außenbeleuchtung immer neue Schleierwellen formte. Ob sie wohl jetzt auf dem Balkon saß? Oder lag sie direkt über uns in ihrem Bett – und ihre Wünsche spannten ein Band zu mir? War da nicht ein leises Geräusch im Zimmer über uns? Mir fiel plötzlich auf, dass ich nie irgendeinen Laut von ihr gehört hatte.

Vielleicht sollte ich aufstehen, mich leise aus unserem Zimmer schleichen und zu ihr gehen. Aber ich wusste, dass Juliane einen sehr leichten Schlaf hatte, dass sie schon bei dem geringsten Geräusch aufwachen würde.

Oder sollte ich einfach ehrlich zu ihr sein? Sollte ich ihr sagen, dass „eine andere Frau in mein Leben getreten" sei? Eigentlich eine eigenartige Formulierung, dachte ich dabei und stellte mir ihren Auftritt auf der Bühne meines Lebens vor – in solchen Redewendungen lag doch immer eine tiefere Wahrheit.

Und dann? Sollte ich ein Stockwerk höher ziehen und mit *ihr* nach Deutschland zurückfliegen?

Von einer solchen Geschichte hatte ich schon einmal gehört, natürlich hatte sie desaströs geendet. Wer immer mir das auch erzählt hatte – in besagter Geschichte hatte die Frau ebenfalls mitten im Urlaub diesen Schritt gemacht. Sie war dann aber nach zwei Monaten zu ihrem Mann zurückgekehrt – und die beiden hatten ihren nächsten Urlaub wieder in demselben Hotel verbracht.

Ja, viele andere verhielten sich wohl nicht so mimosenhaft wie man selbst! Lebten vielleicht alle Paare mit einer heimlichen Hoffnung auf Erlösung – in der Hoffnung, dass irgendeines Tages der oder die Richtige, wirklich Passende kommen würde? Ich musste an den Schluss von Lampedusas Roman „Der Leopard" denken, an den Tod des Fürsten. Der Tod beugt sich dort in Gestalt einer Frau im Reisekostüm über den sterbenden Fürsten. Sterben ist vielleicht gar nicht so schlimm, hatte ich bei diesem Bild bis heute immer gedacht. Nun erkannte ich, dass diese auf das Weibliche gerichtete Hoffnung auf Erlösung einfach eine Todeserwartung sein könnte, die sich maskierte, und dass das Leben nicht immer das ganz Passende sein musste.

Doch in jedem Fall musste ich mich doch entscheiden! Im Grunde war es ja eine Ungeheuerlichkeit, die ich mir da geleistet hatte! Nur durch diese dünne Zimmerdecke von meiner Frau getrennt, die sich vielleicht gerade für den Abend umzog, dabei nichtsahnend in den Spiegel blickte, in Vorfreude auf den Abend mit mir, kopulierte ich wie ein Verrückter mit einer mir völlig fremden Frau. Wie hätte ich im umgekehrten Fall reagiert?

Ich blickte zur Seite und sah nur den schwarzen Wuschelkopf von Juliane, die neben mir voller Vertrauen in ihre

Bettdecke gekuschelt schlief. Ja, ich musste Schluss machen, musste mich wieder finden, musste ihr Vertrauen rechtfertigen. Und damit beschloss ich, am nächsten Abend hinter der goldenen 106 klare Verhältnisse zu schaffen. Mit diesem befreienden Gedanken drehte ich mich auf die Seite.

»Du propellerst ja wieder unerträglich«, ertönte es da deutlich vernehmbar aus dem Kissen, »gib doch mal Ruhe!«

Ich entschuldigte mich und lag von da an mucksmäuschenstill, wobei ich versuchte, mir keine Bilder mehr auszumalen, was sich im Zimmer über uns abspielen könnte.

Aber auch nach dieser langen Nacht folgte ein nächster Tag. Wir hatten beide fast zehn Stunden geschlafen, Juliane weckte mich mit einem zarten Kuss und ließ Tee auf unser Zimmer bringen. Waltraud und Jochen hatten ihren Frühstückstisch am Pool decken lassen, der mit seinem glasklaren, in dem zarten Grünton der Kacheln schimmernden Wasser die frische Stille dieses sonnigen Morgens spiegelte.

Was für ein Tag! Ich fühlte mich durch meinen befreienden Entschluss der vergangenen Nacht kraftvoll und gelassen, ja ich freute mich geradezu auf das klärende Gespräch heute Abend. Ich nahm mir vor, behutsam zu sein, natürlich, aber doch auch ganz bestimmt.

Diese Vorstellung hielt mich die Stunden bis zum Ententanz in freudiger Spannung: Ich wusste, dass ich mir da eine schwierige Aufgabe vorgenommen hatte, die ich aber lösen würde. Eine Herausforderung, der man sich gewachsen fühlt, hebt einen über die lauwarmen Umspülungen des Alltags.

Der Tag verging reibungslos, so dass ich schon eine Viertelstunde früher als geplant vor ihrem Zimmer stehen konnte, frisch geduscht, dezent mit CoolWater besprüht, mit einem blütenweißen Hemd und einer frisch gebügelten, dunkelblauen Hose.

Ich hatte nur ganz zart geklopft, da öffnete sie schon die Tür und stand vor mir. Mein Gott, dachte ich, du hast ja ganz vergessen, wie schön sie ist! Sie hatte sich ebenfalls schon für das Abendessen umgezogen, war aber mit diesem schwarzen, eng anliegenden Kleid eindeutig etwas overdressed für diese Art Hotel. Aber es war nicht ihr Kleid, das mir über ihren hochhackigen Schuhen entgegenduftete, es war auch nicht ihr exquisiter, aber dezenter Schmuck – ein funkelnder Diamantring, ein goldener Armreif und die zu ihrem Ring passenden Diamant-Ohrringe, die mich faszinierten (ich sah sie jetzt zum ersten Mal mit Schmuck) – nein, es war ihr Gesicht, das mich überwältigte – ein Gesicht, das in seiner geprägten Gesetzmäßigkeit mit ihrer übrigen Erscheinung, den fast beiläufigen Accessoires eine ästhetische Einheit bildete.

Sie lächelte mich an.

Ihr Lächeln und ihre Augen zeigten mir, dass sie um ihre Wirkung auf mich wusste und sie ihr Wissen still genoss. Die Sonne hatte ihre schönen Züge betont, und jede Linie ihres Gesichts erzählte eine Geschichte von tausend Gedanken und sieghafter Annahme des Lebens.

»Komm« – sie winkte mich an den kleinen Tisch in ihrem Zimmer, an dem zwei halbrunde Sessel in hellem Blau standen – »wir wollen Abschied feiern!«

Ich erschrak furchtbar. Wollte sie etwa das tun, was ich mir vorgenommen hatte – wollte sie Schluss machen? Unter mir öffnete sich ein Abgrund, und ich schwankte. Ihrer Entscheidung ausgeliefert zu sein, fühlte sich an, als wäre ich gegen eine Wand gefahren, bedeutete für mich Endgültigkeit und Tod.

Und ihr hatte ich das einfach so zumuten wollen – ganz lapidar und konsequent, nach dem Motto »Es muss leider sein!«

Sie hatte inzwischen den Champagner aus dem Kühler genommen, mit energischen Griffen und einem befreienden Plopp! den Korken herausgedreht, und schenkte uns ein. Sie reichte mir ein Glas, trat dicht unter meine Augen, hob ihr Glas und sagte nur: »Danke!«

Wir nahmen einen kleinen Schluck. Ihre mit kräftigem Rot geschminkten Lippen hinderten mich, sie zu küssen (was sie wohl auch beabsichtigt hatte), und sie fuhr fort: »Morgen früh geht es zurück – vor Tag und Tau, während du hoffentlich noch schläfst. Dies war der schönste Urlaub in meinem Leben, und das verdanke ich dir – ich habe mich durch dich gefunden. Nun ja« – sie lächelte mich spitzbübisch an – »es war sicher kein hartes Stück Arbeit, aber doch sehr intensiv. Wie viele Stunden musste ich dich erforschen!«

Sie drehte mich mit leichter Hand zur Seite, und wir blickten beide auf die Kamera mit ihrem riesigen Objektiv, die still, wie eine geduldige Dienerin, auf dem Sideboard lag. »Ich habe noch nie einen so von innen heraus gutartigen Menschen getroffen. Jedenfalls habe ich mir nie so viel Zeit für einen Menschen genommen – oder ich war nie aufmerksam genug –, um sein Inneres zu erfassen. Das war eine Offenbarung für mich! Auch dafür möchte ich dir danken. Übrigens, wenn ich etwas zu deiner Frau sagen darf – ich glaube, dass sie sehr von dir abhängig ist. Sie braucht deine Kraft – und immer wenn sie dich schlecht behandelt, saugt sie im Grunde Kraft aus dir.«

Sie prostete mir leicht zu und suchte wieder meine Augen. Unsere Blicke flossen ineinander, stürzten in die Tiefe des anderen, und ich hatte nur noch den einen Wunsch. Mein Entschluss zur Trennung hatte sich in bebende Trennungsangst verwandelt, und ich verlangte nach einer Bestätigung ihrer ungeteilten Zuwendung. Wir schwiegen eine Weile.

»Was ich dir noch sagen wollte«, sagte sie dann, mit einem leichtem Zögern, »was wir hier gemacht haben, habe ich noch nie getan. Ich will nicht, dass du etwas Falsches von mir denkst! Ich konnte das nur, weil ich ..., nun ja ... weil ich ... noch nie so geliebt habe.«

Zum ersten Mal erlebte ich an ihr einen Hauch von Unsicherheit. Und zum ersten Mal sah ich, wie sich zitternde Tränenperlen unter ihren Augen bildeten. Sie stellte ihr Glas ab, schloss die Balkontür, umschlang mich dann mit einem überwältigten Schluchzen, und ich ertrank in einer Flut von Tränen.

Ihr Lippenrot vermischte sich mit der Feuchte unserer Zungen. Mein weißes Hemd! dachte ich kurz, aber da hatte sie es mir schon über den Kopf gezogen und mit leidenschaftlichem Schwung auf den Teppich geschleudert. Unsere anderen Kleidungsstücke flogen hinterher, landeten irgendwo, während wir unter Kuss-Kaskaden auf dem Bett landeten.

»Eine Minute noch, eine letzte Minute noch!«, bat sie eine Ewigkeit später in erschöpfter Umarmung, küsste mich noch einmal, stand aber dann entschlossen auf und zeigte mir in ihrem kleinen Spiegel mein Gesicht, das durch roten Lippenstift in ein Clownsgesicht verwandelt war.

Mit diesem Gesicht konnte ich mich nicht mehr unter die Leute wagen! Sie zog mich ins Bad, befeuchtete gleich zwei Wattebäusche mit Reinigungsmilch und schickte mich dann nach einer zarten Behandlung unter die Dusche.

Im Zimmer fand ich meine Hose, Hemd, Slip und Socken in geordneter Wartestellung und sie im Bademantel. Als ich ging, bat sie mich noch um meine Büroadresse – ihre bräuchte ich nicht, ich würde von ihr hören. Sie öffnete die Tür, blickte schnell den Flur entlang und schob mich mit einem energischen »Ab jetzt!« hinaus.

Juliane saß mit hochgelegten Beinen auf einem der inzwischen verwaisten Liegestühle am Pool und blickte in die untergehende Sonne. Ich legte mich neben sie und seufzte: »Eigentlich noch zu schön, um sich drinnen ins Getümmel zu stürzen.«

Einen Moment lang antwortete sie nicht, dann sagte sie nach kurzen Zögern: »Schön, dass du bei mir bist. Ohne dich ist alles nichts.«

Ich schloss die Augen, versuchte mein aufgewühltes Innenleben zu ordnen und mich wieder ganz auf sie zu konzentrieren.

Waltraud und Jochen warteten an unserem Tisch und studierten die Weinkarte, mit demselben Ergebnis wie an den Abenden davor. Mit Ausnahme von Juliane bemühte sich jeder von uns, möglichst witzig zu sein, aber die Stimmung kochte nicht gerade über. Jeder von uns war froh, wenn er durch einen Gang zum Buffet der Stimmungsenge an unserem kleinen Vierertisch immer mal wieder entkommen konnte. Langsam aber löste sich unsere Spannung, die kaum zu erklären war, vor allem nachdem Jochen eine weitere Flasche von dem ausgezeichneten Rotwein geordert hatte.

Dann begann Juliane plötzlich (»Ach, was ich dir noch sagen wollte«) von den rumpelnden Geräuschen und umgepolterten Stühlen in dem Zimmer über uns, kurz nachdem ich gegangen sei, zu erzählen. Eigenartigerweise hätte man aber weder Stimmen noch Streitereien gehört.

»Vielleicht haben sie gerammelt«, mutmaßte Waltraud, die schnell mit Assoziationen bezüglich der Dynamik menschlicher Intimitäten bei der Hand war, wobei sie als Medizinerin auf diesem Gebiet erkennbar mit unauffälliger Sachkompetenz überzeugen wollte.

»Ja«, spann Jochen diese ihn offenbar inspirierende Vorstellung weiter, »man ist eben nicht einfach ins Bett gegangen, sondern erst von Stuhl zu Stuhl und dann ins Bett gesprungen.« Das Lachen der drei war nun nicht mehr pflichtgemäß. »Ja, ja Stühlespringen im Mittelmeer«, paraphrasierte Waltraud zu meiner Überraschung die amerikanische Seekriegsführung des Zweiten Weltkriegs im Pazifik.

»Richtig!« – Jochen kam in Form: »Der Liebesakt ist nichts anderes als die Fortsetzung des Ehekrieges mit anderen Mitteln.«

»Wann kommt denn von *dir* mal wieder eine Kriegserklärung?« Waltraud brachte die Dinge immer schnell auf den Punkt. Nun wurde von den dreien unter ständigem Lachen und Zuprosten die imaginierte Partnerschaftsdynamik im Zimmer über uns immer weiter wenig taktvoll ausgemalt.

Ich trank und lachte mit, so gut ich konnte. Bei einem weiteren Prost! entdeckte ich mit herzklopfendem Schrecken auf der Innenseite meines rechten Hemdsärmels eine lippenstiftrote Wischspur. Zu meinem Glück hatte Juliane, ganz gegen ihre sonstige Findigkeit in solchen Dingen, dieses Indiz für einen Ehebruch noch nicht entdeckt.

War das die einzige Spur?

Konnten am Kragen meines Hemdes, an der Knopfleiste oder sonst wo noch weitere Spuren zu entdecken sein? Mir wurde immer heißer bei dieser Vorstellung. Ich begann, mir für den Fall der Entdeckung Ausreden vorzubereiten. Vielleicht war es aber auch besser, dann mit Schulterzucken den ahnungslos Überraschten zu spielen? Oder in die Offensive zu gehen, irgendwie?

Irgendeine höhere Macht half mir aber schließlich über

die Dinnerzeit hinweg, und ich konnte endlich aufstehen. Vor der Tür des Speisesaals hakte Juliane mich unter und strahlte mich an.

In diesem Augenblick sah ich *sie.*

Nein, *wir* sahen sie.

Sie kam uns in dem von einer Säulenreihe in zwei Hälften geteilten Flur auf unserer Seite entgegen. Heute trug sie keine Perücke, und mir war sofort klar, dass sie kein Versteckspiel mehr wollte. Sie hatte sich perfekt unter Kontrolle, und ich bewunderte sie dafür. Sie ging wie unbeteiligt an uns vorbei, ohne uns mehr als einen kurzen Blick zu gönnen.

»Das ist doch deine Massagepartnerin«, zischte Juliane.

»Entschuldige«, log ich, »ich war in Gedanken: Wer oder was war wo?«

»Da eben, jetzt tu doch nicht so! Deine (sie betonte das Wort) Angebetete, die Indianerin auf der Liege, der du deine Liebesmassage verpasst hast, ist – eben – an – uns – vorbei – gegangen!« Sie betonte jedes Wort so, als wollte sie es in meinen Kopf hämmern.

»Und wenn es so war, was kann ich dafür, dass sie an uns vorbeigegangen ist?«

»Das bedeutet, dass sie doch noch hier ist, dass sie noch im Hotel ist!«

»Ja und?« Ich bekam Oberwasser. »Das kann ich ihr doch nicht verbieten!«

Sie entzog mir ihren Arm, holte zu Jochen und Waltraud auf und teilte ihnen die unerhörte Begebenheit mit, dabei deutete sie sogar in Richtung Speisesaal. Waltraud reagierte auf diese Sensation nur mit einem kurzen Lachen. »Na und? Vergiss es jetzt einfach!«

»Ja aber ... wo ist sie denn die ganze Zeit gewesen? Sie war im Nichts verschwunden – und auf einmal taucht sie wieder auf!«

»Das Hotel ist groß, und dauernd werden Ausflüge angeboten. Vielleicht hat sie einfach einen anderen Tagesrhythmus als wir, wenn sie jetzt erst zum Essen geht – wenn sie es überhaupt war!«

»Da bin ich ganz sicher!«, beharrte Juliane.

Inzwischen hatten wir die Bar erreicht, setzten uns an einen der kleinen runden Tische an der Seite der Spiegelwand und bestellten das Gewohnte.

»Hör mal«, sagte Waltraud zu Juliane (sie war die Einzige, die ihr als ihrer früheren Stieftochter schonungslos offen Wahrheiten sagen durfte, die Juliane bei jedem anderen – besonders bei mir – sofort zurückgewiesen hätte), »Jochen und ich kennen dich und wir kennen Henning. Wir haben diese Geschichte in Ruhe besprochen, und ich will dir sagen, zu welchem Ergebnis wir gekommen sind (ich registrierte mit Interesse, dass Waltraud, die sonst so sehr auf ihre eigene Meinung bedacht war, auch um sich damit von Jochen abzugrenzen, hier den Plural benutzte, offenbar um ihr Urteil doppelt wirksam abzugeben): Die Geschichte ist bestimmt so gewesen, wie Henning sie geschildert hat. Wir glauben ihm, dass es ein Versehen war, er ist nun mal ein zerstreuter Professor! Das kannst du dir doch auch selbst sagen: Warum sollte Henning vorsätzlich, in unmittelbarer Nähe eurer Liege, einer ihm völlig unbekannten Frau den Rücken einreiben, zumal ihr doch gerade miteinander so gut drauf wart?«

Julianes Augen verrieten noch Zweifel, aber Waltrauds Beweisführung schien sie schließlich zu überzeugen. Etwas beschäftigte sie aber noch – womit sie der wahren Geschichte unbehaglich nahe kam:

»Aber warum hat diese Frau das mit sich machen lassen?«

»Es gibt Dinge zwischen Himmel und Erde«, versuchte Jochen das Thema abzuschließen, »die wir Sterblichen uns nicht erklären können. Vielleicht ...«

»Vielleicht hatte sie – wie du auch – jemanden erwartet,« meinte Waltraud, »der ebenfalls versprochen hatte, sie einzureiben, und sie hat sich dann auch darüber, genau wie dein Henning, nicht gewundert.«

Damit war die Beweiskette auch für Juliane geschlossen, und sie ließ sich nur zu gern von ihr beruhigen. Jedenfalls hatte sich das vorher brodelnde Meer der Eifersucht in ihr sichtbar beruhigt.

»Ach wisst ihr«, rief sie schließlich zufrieden, »ich gebe jetzt einen aus!« Sie rief den Ober, bestellte vier Glas Champagner und stieß mit uns »auf diesen schönen Urlaub« an. Dann lehnte sie sich zurück, zog meinen rechten Arm um ihre Schulter, und mit den Worten »Mein Henning!« küsste sie meine Hand.

Ich zitierte Schiller, um unser Empfinden der Situation auszudrücken.

»Aber der, von Klippen eingeschlossen,
wild und schäumend sich ergossen,
sanft und eben rinnt des Lebens Fluss
durch der Schönheit stille Schattenlande,
und auf seiner Wogen Silberrande
malt Aurora sich und Hesperus.«

Darauf bestellte Waltraud vier weitere Champagner, wir kamen über Hesperus auf die alten Griechen und lachten noch viel an diesem Abend, der immer entspannter wurde und schließlich damit endete, dass Juliane zu mir ins Bett kroch und sich dafür entschuldigte, dass sie ihren Lippenstift an meinen Hemdärmel geschmiert hätte. Aber sie habe die Stelle schon in Waschmittel eingeweicht.

Ich löschte das Licht, nahm Juliane in dem Arm, die darauf schnell einschlief, und blickte noch lange gegen die stille Zimmerdecke.

Etwa drei Monate später fand ich auf meinem Schreibtisch im Institut ein kleines Paket, das mit einem »Persönlich/Vertraulich« an mich adressiert war. Absenderin war eine Monika Werhaus aus Pforzheim. Nach dem Öffnen fand ich einen Brief und zwei in Leder gebundene Fotoalben. Das erste Album enthielt fast durchweg vergrößerte Bilder von Szenen am Pool, beim Frühstück oder an der Pool-Bar, die Juliane, Waltraud, Jochen und mich in unterschiedlichen Gruppierungen, im Gespräch, lachend, beim Essen oder beim Trinken zeigten.

Das nächste Album begann mit einer Großaufnahme von mir. Mein Gesicht zeigte darauf einen Ausdruck zwischen Nachdenklichkeit, stiller Freude und Zweifel. Ich hatte noch nie ein solches Bild von mir gesehen. Hier hatte jemand mit einem einzigen Bild die Geschichte meines Lebens erzählt, behutsam meine Innenwelt nach außen geholt, ließ meine Augen in unbestimmte Hoffnungsweiten blicken, erlaubte meinen Lippen eine kleine, geschürzte Überheblichkeit und verlieh meiner Nase einen Anflug von Heroik. Die geschwungenen Linien von den Nasenflügeln zu den Winkeln meines Mundes schienen mir ein wenig zu ausgeprägt.

Ich blätterte weiter. Dieses Album enthielt ausschließlich Bilder von mir. Die meisten waren auf das Format des Albums vergrößert und zum Teil als Serie angelegt, mit der eine Geste oder eine Bewegung in fünf oder mehr Einzelbilder aufgeteilt wurde – wodurch der Kern der Geste oder der Bewegung hervorgehoben wurde. Manche Bilder waren farbig, andere schwarzweiß (wobei ich letztere als ausdrucksvoller, sprechender empfand). Ich blätterte das Album Seite für Seite durch, und mir war, als ginge ich dabei durch ein unendlich vertrautes, aber zugleich spiegelnd neues Wunderspalier meines Lebensgegeländes.

Ja, das war die eigentliche Botschaft dieser Fotos, die sich mir von Seite zu Seite mehr enthüllte:

Sieh her, das bist du!

Und schau, wie du bist: einmalig, gesetzmäßig und ausgeprägt.

Mein Selbstbild zweifelnder Vorläufigkeit kam in diesen Bildern nicht vor, obwohl sie mehr Offenheit denn Festgelegtes erkennen ließen – oder beides zugleich. Hier musste jemand Hunderte von Stunden aufgewendet haben, um diese Aufnahmen von mir zu machen, sie auszuwählen und zu vergrößern.

»Jemand«? Nur *sie* konnte es gewesen sein.

Das Bild eines riesigen Teleobjektivs, mit dem Klick eines Bajonettverschlusses auf die Kamera gesetzt, kam mir in den Sinn. Ich nahm den Brief, öffnete ihn und las:

»Sehr geehrter Herr Professor Warnecke,

ich übersende Ihnen die beiden Alben und schreibe Ihnen diesen Brief auf Bitten meiner Freundin Julia Wendeborg.

Wir haben gestern Julias Asche beigesetzt. Sie hat Ihnen wohl nicht gesagt, wie krank sie war. Ihre Reise nach Djerba hat sie auf eigenes Risiko angetreten, gegen den Rat ihres Arztes. Schon vor ihrer Reise benötigte sie jede Woche mindestens eine Bluttransfusion, aber Julia hatte dennoch für drei Wochen gebucht.

Ich habe über ihr Vorhaben immer wieder mit ihr geredet. Ich konnte es ihr aber nicht ausreden und sie auch nicht begleiten, weil ich als Lehrerin an die Ferien gebunden bin. Julia wollte aber nicht länger warten, sie konnte es wohl auch nicht. Sie sagte, sie müsse diese Ferien jetzt machen, sie wisse auch nicht warum.

Als sie dann zurückkam, war sie braun gebrannt und gut erholt. Gegen alle Vernunft und Erfahrung hatte ich da die Hoffnung, sie könne ihre heimtückische Krankheit überwunden haben, und es schien ja auch ein Wunder geschehen zu sein: Obwohl Julia drei Wochen keine Transfusion mehr bekommen hatte, kam sie zwei weitere Wochen ohne diese aus.

Etwa zehn Tage nach ihrer Rückkehr lud sie mich zum Abendessen ein und kündigte dabei an, sie habe eine große Überraschung für mich. Sie zeigte mir dann die beiden Alben und sagte mir, das seien die schönsten Ferien gewesen, die sie jemals in ihrem Leben gehabt hätte. Mit Ihnen sei sie einem Mann begegnet, bei dem sie alle Selbstzweifel verloren hätte. Sie seien der erste und einzige Mann in ihrem Leben gewesen, der sie bis in jede Ader ihres Wesens erkannt und anerkannt hätte.

Julia war sogar an diesem Abend der Überzeugung, sie hätte durch Sie ihre Krankheit überwunden. Wenige Tage später rief sie mich dann aber mitten in der Nacht an und sagte, sie bekäme keine Luft mehr, und bat mich, zu ihr kommen.

Ich fuhr sofort zu ihr. Sie lag auf der Couch und bat mich nur, bei ihr zu bleiben. Die Alben mit den Bildern von Ihnen lagen neben ihr auf dem Tisch. Ich begleitete sie dann ins Krankenhaus, wo sie sofort eine Transfusion bekam. Ihr Arzt sagte mir danach, er hätte gar nicht gewusst, dass ein Mensch mit einem so niedrigen Hämoglobinwert überhaupt noch leben könne.

Von da an ging es über Zwischenstufen mit immer wieder neuer Hoffnung eigentlich immer nur abwärts. Zuletzt willigte sie noch ein, dass ihr die Milz entfernt wurde. Sie starb dann an dem Tag, an dem sie von der Chirurgie in die Onkologie zurückverlegt werden sollte.

Ich bin mir sicher, dass Ihre Begegnung mit Julia auch für Sie eine besondere Erfahrung war, die Sie auch in Zweifel und Zerrissenheit geworfen hat. Vielleicht erscheint Ihnen dieser Preis aber dann nicht zu hoch, wenn Sie bedenken, dass Sie – wenn dies auch jetzt banal klingen mag – noch einen Menschen am Ende seines Lebens glücklich gemacht haben. Wem ist das schon vergönnt?

Seien Sie freundlich gegrüßt und leben Sie wohl.

Monika Werhaus

Ich ließ den Brief sinken, schaute auf die Großaufnahme von mir, blickte in meine mir nun traurig erscheinenden Augen und wünschte in diesem Augenblick, die Welt möge über mir zusammenbrechen.

Da wurde an die Tür meines Büros geklopft, und der dunkle Wuschelkopf meiner Assistentin schaute herein. Sie ging einige Schritte auf meinen Schreibtisch zu und blieb dann mit dem Ausruf »Mein Gott, was ist denn mit Ihnen?!« stehen.

Dann machte sie, weil ich nicht antworten konnte, zwei weitere Schritte auf mich zu und legte eine Hand auf meine Schulter.

Das hatte sie noch nie getan.

Baby Paradise

Was für ein Luxus!, dachte er, während aus dem tellergroßen Duschkopf über ihm ein ständiger Schwall warmen Wassers über seinen Körper flutete. Überhaupt, dachte Henrich Rehberg: Du lebst wie im Paradies! Gestern in dem Film über die Sahel-Zone hatte er mit dem wohligen Schauer des Nichtbetroffenen mit angesehen, wie die Leute um Wasser kämpften. Und Trinkwasser war das noch lange nicht, was sie da in behelfsmäßigen Kanistern und anderen Gefäßen heranschleppten. Rehberg schäumte seine Haare ein. Kein Wunder, dass die Leute zu uns wollen! So viel Frieden, so viel Wohlstand, so viel intakte Umwelt und so viel soziale Sicherheit gibt es doch sonst nirgends! Nun verteilte er den Badeschaum von seinen Haaren über den ganzen Körper. Die Afrikaner wissen, wie gut es uns geht, dachte er, aber wissen wir es selbst? Was machen denn die Menschen hier bei uns aus ihrem Wohlstand? Ja, also erst einmal – und dieser Gedanke weckte in ihm regelrechten Abscheu – uniformieren sie sich. Da will doch eigentlich jeder ganz frei und nach seinen Vorlieben leben, will ganz Individuum sein, aber jeder, jedenfalls fast jeder, zieht sich die blauen amerikanischen Arbeitshosen an, egal, ob alltags oder zu besonderen Anlässen.

Rehberg war nun in der Waschprozedur bei seinen Füßen angekommen. Letzte Woche hatte er sich mal den Spaß gemacht und bei einem Gang durch die Stadt nachgezählt, wie viele Leute von zehn Bluejeans trugen, und war bei acht gelandet. Und darunter gab es, das musste er sich eingestehen, durchaus gutaussehende, schlanke Personen, bei denen die amerikanischen Rinderhirtenarbeitshosen durchaus schick aussahen. Aber dann die erkennbaren Spießer, zu denen diese transatlantische Mode überhaupt nicht passte und die auch ihre ausufernden Hinterteile in viel zu weite und, vor allem, völlig nach unten verrutschte, ausgebeulte, in skurriler Weise amorphe Schlabberjeans gesteckt hatten!

Rehberg genoss bei dem Gedanken an diese wahrscheinlich auch immer lange getragenen Hosen den sauberen Wasserschwall, mit dem er nun den gut duftenden Badeschaum unter schlangenhaften Körperdrehungen abspülte. Ja, und was machten sie, diese abgesicherten Wohlstandsmenschen, aus ihrer Freiheit? Haben sie den Mut zu einem wenigstens größeren, wenn nicht schon großen Gedanken? Entwickelten sie einen reifen Sinn für Stil und Ästhetik? Dankten sie ihrem Schöpfer für dieses grandiose Leben? Nichts von alledem! Sie versifften in den Banalitäten ihrer abgewetzten Alltagsgewohnheiten!

Irgendwie verkommt die Welt, dachte er. Und in ihm entstanden Bilder aus Filmen über die Kriegs- und Nachkriegszeit, in denen die Menschen sonstwas getan hatten, um jedenfalls vorübergehend in der Illusion kultivierter Umgangsformen zu leben. So, wenn die Frauen, im anspruchsvollen Schick der Zwanzigerjahre, mit einem dunklen Stift auf die Rückseite ihrer Beine von oben nach unten einen Strich zogen, um die Naht von nicht vorhandenen Nylonstrümpfen zu imitieren. Heute können die Menschen überall Nylonstrümpfe und schicke Sachen kaufen, aber sie haben keinen Sinn mehr für Stil und Schick.

Ja wirklich, musste er wieder denken, irgendwie verkommt die Welt in Geistlosigkeit und einem Mangel an kultivierten Perspektiven! Zu diesem Szenario des Niedergangs, wie es sich ihm auch heute wieder aufdrängte, gehörten auch die Bilder der jungen Leute, die, mit gegelten Bunthaaren und Ringen durch Lippen, Nase und sonstwo, in ihren undefinierbaren Militärklamotten mit ihren meist handzahmen Kötern vor den Schaufenstern der bürgerlichen Einkaufstempel lagerten und mit aufreizendem Betteln ziellos ihr Leben vorbeiziehen ließen, anstatt in aufbauender Produktivität ihrem Leben einen Sinn zu geben. Mit diesem Abschlussgedanken beendete er auch heute sein morgendliches Duschzeremoniell mit einem Schwall kalten Wassers, den er – eingedenk der Lehren des seligen Pfarrers Kneipp – sorgsam von den äußeren Enden seiner Extremitäten zur Mitte seines Körpers hinführte.

Er hatte sich kaum abgetrocknet und seine gespannte Haut von den Füßen bis zum Hals mit einer dezent duftenden Lotion eingerieben, da fiepte das Telefon. Rehberg war klar, dass dies seine Mutter sein musste (denn in dieser Art fiepte dieser silbern schimmernde Tastenhummer nur, wenn seine Mutter anrief).

Sie hatte wohl einen siebenten Sinn, ihn gerade jetzt in seiner sauberen Nacktheit anzurufen. Ein Leben lang war sie Gefangene ihrer unerfüllten Jugendhoffnungen gewesen, zwangsverbunden mit diesem Zorge, einem Straßendorf im Südharz, das den Windungen des zwischen steil aufragenden Bergzügen eingefrästen Tales folgt, Sonne eigentlich nur im Sommer zulassend, die westliche Talseite ab Nachmittag sowieso im Schatten, über allem immerhin auf einem in der Mitte des Tales vorspringenden Querhügel ein heimeliges Glockenhäuschen, Wahrzeichen des Dorfes, das mit dem später in der DDR liegenden Sorge nicht verwechselt werden darf. Weitere Bestandteile ihrer höchst unbestimmten, aber deshalb umso mächtigeren Jugendhoffnungen waren das bäckermeisterliche Elternhaus mit angeschlossener Gaststätte, die Verführungen der NS-Zeit und ihre große Jugendliebe, aus der Henrich hervorgegangen war. Ihr Vater, also der Großvater von Henrich Rehberg, hatte die Gaststätte, „Café Staufenberg-Diele“ genannt, nämlich nach dem im Süden das Zorger Tal abschließenden Staufenberg und nicht etwa nach dem todesmutigen Claus Schenck Graf von Stauffenberg, von dem nach Rehbergs Erinnerungen in der deutschen Bäckermeisterfamilie nie gesprochen worden war.

Unbeirrbar jimperte das silberne Plastikding weiter.

Insbesondere die NS-Verführungen und der wahnsinnige Krieg wohnten tief im Hoffnungsinneren von Rehbergs Mutter. Henrich hatte mehrfach das Bild der jungen BDM-Führerin angesehen, auf dem sie mit anderen BDM-Mädels auf die Ellenbogen gestützt durch das hohe Gras auf den Fotografen blickte, ganz Naturgegenwart. Später war sie als Nachrichtenhelferin („Blitzmädel“) in einer schmucken Uniform für den unablässig angekündigten Endsieg tätig. Die Uniformen hatten es ihr ohnehin sehr angetan, so sehr, dass sie ihren „im Felde stehenden“ Mann und auch ihren kleinen Sohn bisweilen vergaß und schließlich schuldig geschieden wurde. Irgendwann lernte sie einen SS-Hauptsturmbannführer kennen, der in dem Konzentrationslager Dora bei Niedersachswerfen dafür verantwortlich war, dass ein gigantischer Stollen jeden Tag um soundsoviele Meter tiefer in den Berg getrieben wurde – dort sollte die „V-Waffe“ („V“ für Vergeltung: als hätten die Angriffskrieger Vergeltung dafür üben müssen, dass die Angegriffenen sich verteidigten!) hergestellt werden, mit der die Nazis das

Kriegsglück für sich wenden wollten. Henrichs Mutter, die übrigens unbeirrbar an ihrem Anrufsversuch festhielt und damit Henrichs Erinnerungsstrom immer stärker aktivierte, hatte unter Leitung des Hauptsturmbannführers das Lager einmal besichtigt und erzählte beeindruckt von der Sauberkeit der Bettwäsche und von den ordentlichen Verhältnissen, die dort herrschten. Auch nachdem diese mörderische Wirrwelt ihr verdientes, wenn auch viel zu spätes Ende gefunden hatte und auch Henrichs Mutter von den Wohlstandssegnungen der neuen Republik nicht ausgenommen worden war, warf sie dem Oberpsychopathen der Nazizeit noch gezierte Kusshände zu, wenn er in irgendeiner historischen Szene im Fernsehen auftauchte. Henrich, der diese Demonstrationen unwandelbar treuer Begeisterung für den Glauben ihrer Jugend mit resigniertem Kopfschütteln zur Kenntnis nahm, fragte sich manchmal, ob seine Mutter nicht einen trotzigen Kontrapunkt zu den politischen Überzeugungen ihres Sohnes setzen wollte, die in seiner langjährigen SPD-Mitgliedschaft zum Ausdruck kamen.

»Heil Hitler, ihr alten Germanen, ich bin der Tacitus!« Ab einem bestimmten Promille-Spiegel war dieser heroisch-komödiantische Unsinn bei ihr nicht mehr zu unterdrücken. Und je mehr sie trank, desto unvermeidlicher wurde ihr Schwelgen in Erinnerungen der Vergeblichkeit und in den wiederholten Wiederholungen der Geschichten, die ihr Sohn sich schon unzählige Male hatte anhören müssen.

Das Telefon gab nicht auf, nein, *sie* gab nicht auf.

Ja, und dennoch: Er hatte sie immer lieben und auch verehren wollen! Mütter will man immer lieben und verehren. Wie stolz war der kleine Henrich gewesen, wenn er zu Füßen seiner Mutter gesessen hatte, die in ihrem bodenlangen, schulterfreien Kleid mit der rosa Marabujacke, mit gepflegten, langen Fingern souverän auf ihrem großen, perlmuttglänzenden Schifferklavier spielte und nach einschlägigem Vorbild davon sang, dass sie alle Männer liebe, sich aber für keinen entscheiden könne.

Ihre Augen sollten dabei wohl in Richtung der bei diesen Gelegenheiten vielzählig anwesenden Männer ein verführerisch-aufforderndes Feuer verströmen, erschienen dem kleinen Henrich aber eher entrückt, allenfalls melancholisch-theatralisch. Denn zu dieser Zeit hatte Henrich noch keine Vorstellung darüber, was für Möglichkeiten es zwischen Mann und Frau gab. Und auch seine Mutter, die nun schon über 70 war, hatte es in ihrem Leben wohl nie wirklich erfahren. Sie hatte mehrere Männer kennen gelernt, schließlich einen grundsoliden Ostpreußen geheiratet, mit dem sie auch Silberne Hochzeit feiern konnte, und hatte dann irgendwann einmal – schon Witwe – Henrich gefragt, was das denn sei, ein O/h/r/g/a/a/s/m/u/s, von dem jetzt alle Welt spreche: Sie jedenfalls hätte so etwas nie erlebt.

Dabei hatte seine Mutter ja durchaus theatralisches Talent, und das zeigte sich nicht nur bei ihren früheren, durch das Schifferklavier begleiteten Gesangsdarbietungen. Besonders beeindruckte den kleinen Henrich ihr Talent, wenn sie zu fortgeschrittener Stunde als Alleinunterhalterin die Geschichte vom Wilddieb, der verbotenerweise den Hirsch erlegte, in der „Staufenberg-Diele“ darbot, wobei sie am Ende – mit zwei schnell gegriffenen Gladiolen als Geweihstangen – als toter Hirsch auf der sonst leeren Tanzfläche lag und alle darum Herumstehenden ihr applaudierten. Henrich war dann immer froh, wenn seine Mutter wieder aufstand und damit zeigte, dass sie noch lebte. Jedenfalls fand er diese Vorführungen immer ganz lustig, wenn auch irgendwie nicht ganz angemessen.

Abends kam sie dann zu ihm ins Bett, und er durfte seine Beine zwischen ihre fleischigen Schenkel stecken, denn in dem ungeheizten Schlafzimmer war es fast genauso kalt wie draußen, wo der vereiste Bergfluss sich gurgelnd mit einem anderen vereinigte.

Henrich hatte es immer sehr beeindruckt, wenn seine Mutter am Abend ihr Gesicht mit eiskaltem Wasser wusch, nachdem sie den letzten Gast in die stille, stockfinstere Nacht des Dorfes entlassen hatte. Auch hatte er die heimelige Tristesse der sich rechts und links der Straße an den Berghängen entlangschlängelnden Häuserreihen niemals als hoffnungslos empfunden. Seine Phantasie wurde jedenfalls von dieser, objektiv betrachtet, recht trostlosen Szenerie mit undeutlichen Geschichten aus weit entfernten Jahren belebt. Eigenartig, dachte er (das Telefon fiepte weiter), dass selbst nach dem zweiten technischen Großkrieg noch so viel Mittelalter in dem kleinen Straßendorf übrig geblieben war.

Gleich gegenüber der „Staufenberg-Diele" hatte eine Gärtnerei „Blumen für Freud und Leid" angeboten. Als er nach Jahrzehnten wieder einmal hier vorbeifuhr, war er überrascht von der Winzigkeit des inzwischen zum Parkplatz umgewidmeten Grundstücks, das in einem spitzen Winkel zwischen Straße und Fluss eingeklemmt war. Hier war doch einmal Platz gewesen für das an der Straße gelegene Wohnhaus, für die Scheune direkt am Fluss und auch noch für eine dazwischen liegende Hoffläche. Diese war zum Teil mit großen, runden Granitsteinen gepflastert gewesen, zwischen denen sich regelmäßig der Schlamm aus Kuh- und Pferdeexkrementen und Pfützen dunklen Wassers sammelten, in denen sich die überstehenden Dächer von Wohnhaus und Scheune und dazwischen das wiedergewonnene Blau des Nachregenhimmels widerspiegelten.

In der winzigen Küche des Wohnhauses hing immer ein Geruch von gekochten Kartoffeln und Kranzgrün, vermischt mit einem undefinierbarem Geruch süßlicher Schwere, der, wie dem kleinen Henrich bald klar war, unter den Röcken der durchweg dicken Frauen hervorströmte, die im Kreis bei Leidanlässen Blumengebinde und Kränze flochten. Beherrscht wurde diese Arbeitsküche durch ein riesiges, längliches Steinbecken, an dessen Kopfende aus einer schweren gusseisernen Pumpe klares, kaltes Harzwasser schwallweise in das Becken gepumpt werden konnte.

Für Henrich war es immer ein besonderes Erlebnis gewesen, wenn er mit dem schweren Pumpenschwengel den sauberen Strom des Wassers aus fröstelnden Tiefen in das Becken befördern durfte („Henny“ wurden seine Bitten, dies tun zu dürfen, auch dann nicht abgeschlagen, wenn das Wasser gerade nicht benötigt wurde). Jedes Mal empfand er dann eine doppelte Befriedigung aus bestätigtem Vertrauen und erneut bewiesenem Können: Das Vertrauen bezog sich auf das Vorhandensein von Wasser in der unsichtbaren Tiefe, das Erlebnis des Könnens auf seine Fähigkeit, es zutage zu fördern.

Nach dem zweiten großen Krieg lief die quer durch Deutschland gezogene Grenze drei Kilometer an dem Dorf vorbei. Gleich nach dem Krieg blühten hier Schmuggel und Schwarzhandel, ortskundige Führer lotsten die mit Tauschgütern Beladenen nachts an den russischen Posten vorbei über die Grenze. Unter diesen Führern war einer, der seine Dienste auf schlimme Weise nutzte. Ortsunkundige führte er mehrmals um das Dorf herum, belog sie dann, man sei jenseits der Grenze angelangt und müsse jetzt, um Spuren zu verwischen, die letzte Strecke im Fluss waten. Dort erschlug er sie dann, und während verborgen hinter der Staufenberg-Diele Fäden von Blut den Bergfluss hinabschlierten, brachte der Mörder seine Beute zu seinem Haus, was ihm schließlich zum Verhängnis wurde, denn die von ihm gehorteten Güter wurden für die Kriminalpolizei Zeugen seiner Gräueltaten. Später erzählte man im Dorf, dass er in der Todeszelle mit seinen Filzpantoffeln von Morgens bis Abends auf dem Steinfußboden hin- und hergeschlurft sei, so dass man sich nach einigen Wochen in dem so blitzblank gescheuerten Zellenboden spiegeln konnte. So wollte er wohl seine Welt wieder sauber bekommen, dachte Henrich schon damals. In dieser Zeit hörte man auch immer wieder, dass Menschen sich, wenn sie in den Wirren der Nachkriegszeit keinen Ausweg mehr wussten, in der oberhalb des Ortes angelegten kleinen Talsperre ertränkten,

Seine Mutter aber gab nicht auf.

Alle diese Geschichten des Dorfes und die Hoffnungen ihrer Jugend, die jedoch meist freudlos gewesen sein musste, waren in seiner Mutter aufbewahrt. Auch wenn sie an anderen Orten gewohnt hatte, war sie von diesem Nest innerlich nie losgekommen.

Was sie wohl heute von ihm wollte? Im Grunde wusste er es, es waren die alten Geschichten und kleinen Nachbarerlebnisse. Jetzt griff er entschlossen zum Telefon.

»Leiveste denn noch?« Sie benutzte immer dann zorgisches Platt, wenn sie glaubte, damit könne sie etwas überbrücken

»Ja, Mama«, antwortete er, entschuldigte sich für sein langes Schweigen und gelobte mal wieder halbernst Besserung.

»Wer's glaubt, wird selig!«, befand sie nicht unfreundlich.

Dann wurde er in die Folterkammer ihres Nachrichtenstroms gesteckt:

Die – in Fortsetzung ihrer früheren Anrede als Krankenschwester – auch im verdienten Ruhestand weiter als „Schwester Erna" bezeichnete Nachbarin zur Linken im Mietshaus, in dem auch seine Mutter wohnte, hatte schon wieder einen Blackout gehabt und war „mit Blaulicht ins Krankenhaus" transportiert worden; der Nachbar zur rechten musste nun doch zur Chemotherapie (»Das habe ich ihm wirklich nicht gewünscht, wenn er auch ein Arschloch ist, du weißt doch noch, wie er mich damals ...«); der Sohn von Schwarzens im ersten Stock hat den Abschied von der christlichen Seefahrt nicht verkraftet, säuft wie ein Loch – »Warte, ich muss mir erst mal eine anstecken, wo sind denn nur die Streichhölzer? – Verflixter Köter, sei still! Fürchterlich, dies Gekläffe! Das macht mich ganz fertig! Ich stecke dich wieder ins Klo! Bist du wohl still, alte Töle, ich telefoniere mit Henny, wo ist das Stöckchen? – Ach, hier sind die Streichhölzer – fürchterlich, ich vergesse aber auch alles! – An sich ist sie ja ein liebes Tier, neulich war Herr Kahlbrand hier, da ist sie doch wieder auf seinem Bein geritten, du weißt schon! Lass` das Fitschi-Fitschi, habe ich ihr gesagt, aber sie liebt nun mal den Kerl – Also, wo war ich stehen geblieben? Nein, nein, diese Vergesslichkeit! – Ja also, unsere Hausverwalterin gibt sich riesig Mühe, hat immer und für alles Verständnis, aber neulich ist ihr doch mal der Kragen geplatzt, die Leute nehmen sich auch zu viel heraus, manche denken, das Haus gehört ihnen alleine. Man muss sich doch schließlich an die Waschzeiten halten! – Weißt du übrigens, wer gestorben ist? Ganz überraschend, ich fand es ja sehr aufmerksam, dass mich seine Frau gleich angerufen hat – du erinnerst dich doch sicher an Klaus Runkel, der damals den Heinrich Pohl überführt hat, du weißt doch, das war der, der Tante Ruth bei dem Fest im Weißen Ross das Bier über die Bluse geschüttet hat, aus Versehen, und der sich so höflich dafür entschuldigt hat, und dann hat er sogar noch einen ausgegeben, niemand hat ihm doch die Morde zugetraut! – Also: Klaus Runkel hat ihn doch überführt, Pohl hatte doch – der Trollo! – die Sachen, die er seinen Opfern abgenommen hatte, zuhause unter seinem Bett versteckt, Runkel ist doch dann befördert worden, war ein feiner Kerl, auch als Polizist – wenn man das bedenkt! Damals gab es noch Polizei in Zorge!«

– »Ja, und fünf Bäckereien!«, warf Henrich ein – er musste einfach auch mal etwas sagen.

– »Ja, weißt du noch, wie der Rudi Fischer wieder geheiratet hat, nachdem seine Frau so plötzlich verstorben war? – Kann man ihm auch nicht verdenken, hat seine zweite Frau auf Händen getragen. ›Ich habe mein Glück befestigt!‹, hat er mir mal gesagt, als ich ihn getroffen habe, ›habe meine Frau zu meiner Alleinerbin eingesetzt.‹ Na ja, ich habe es ihr gegönnt. Die erste baut das Haus, die zweite schaut zum Fenster raus, so ist das nun mal! Die zweite Frau Fischer hatte einfach Glück!«

Und so fuhr seine Mutter gnadenlos fort, ihren Sohn über alle Neuigkeiten, die in ihre Reichweite gelangt waren, zu informieren und die ihr wichtig erscheinenden alten Neuigkeiten zu wiederholen, wobei sie nicht versäumte, ihm die schon aus früheren Schilderungen vertrauten Zorger Geschichten noch einmal ins Gedächtnis zu rufen.

Henrich merkte, wie die – in der Distanz zu seiner Mutter wieder gewachsene – Liebe zu ihr mit jedem ihrer Sätze, die er für völlig belanglos befand, wieder dahinschmolz, ja, wie langsam Groll in ihm aufstieg und er das Gefühl nicht unterdrücken konnte, dass ihm hier kostbare Lebenszeit geraubt wurde.

Er wanderte mit dem Telefon an seinem schon mit Schmerzen reagierenden Ohr in den kleinen Raum neben seiner Küche, nahm dort mit der freien Hand seine Wäsche aus der Waschmaschine, sagte zwischendurch kurz »Ja!«, wenn sie zum wiederholten Male fragte, ob er noch dran sei, und trat schließlich an ein Fenster seines Wohnzimmers und blickte zur Straße hinaus.

Seiner Wohnung gegenüber öffnete sich ein zum Teil als Parkplatz genutzter weiter Platz, der auf der rechten Seite von einem großen Baum beschattet wurde, in dessen ausladenden Ästen der Wind mit den Blättern spielte. Auf der linken Seite lag der Vorplatz zum Eingang von St. Martini, deren steinernes Westwerk mit den beiden Türmen in den Himmel wuchtete.

Henrich hatte niemals in der Nachbarschaft eines so imponierenden Gotteshauses gewohnt, und diese gewaltige Steinkirche war Teil seiner Wohnung, seines Wohnerlebnisses geworden. Als er wenige Jahre später wieder auszog, wurde die Entscheidung, auszuziehen zu einem Kampf des Abschieds von diesem Kirchenbau, von ihrem strukturiert-klaren Westwerk, das von der Abendsonne immer mit einem goldenen Schimmer überzogen wurde. Nicht selten öffnete er das Fenster, an dem er jetzt stand, um das Dröhnen der gewaltigen Kirchenglocken in seine Wohnung zu lassen. Manchmal rief er dann seinen besten Freund in Berlin an, um ihn hieran teilhaben zu lassen und ihn zu einem erneuten Besuch in Braunschweig zu motivieren. Auch wenn er in Ruhe nachdenken wollte, blickte er auf diese machtvolle Steinwand, die ihm als Mahnmal großer Baumeisterkunst und zugleich als Ausdruck und Möglichkeit eines größeren Schöpfungsgedankens erschien. Dann wusste er immer, dass er mit seinen kleinherzigen Zweifeln Kind einer kleinherzig gewordenen Zeit war.

»Ja, Mama«, versprach er, als sie ihn aufforderte, sie nun doch endlich mal wieder zu besuchen, sie hätte ihm so viel zu erzählen. »Oh ja, ich komme in der nächsten Woche«, log er liebevoll, »und dann kochst du mir wieder deine Hochzeitssuppe!« Die Perspektive, ihren Sohn bald wieder leibhaftig bekochen zu können, gab seiner Mutter endlich die Entschlusskraft, ihr Telefonat zu beenden. Erleichtert drückte er die rote Taste.

Aus dem Fenster schauend, sah er auf dem gegenüberliegenden Bürgersteig eine alte Frau mit dünnen weißen Haaren. Sie ging vornübergebeugt und war in einen grauen Regenmantel gehüllt. In der rechten Hand trug sie eine Plastiktüte, die anscheinend fast leer war. Vielleicht hat sie etwas Fisch geholt, dachte Henrich, denn es war Freitag. Von oben verfolgte er den Weg dieser Frau, die beim Schlachter und dann beim Bäcker vorbeiging, dabei aber jeweils nur kurz in die Schaufenster schaute, ohne davor stehen zu bleiben – ganz so, als sei dies eine andere Welt, die sie nichts anginge.

Wo und wie mag sie wohl wohnen, fragte Henrich sich, und er versuchte, sich ihre Wohnung vorzustellen. Was machte sie wohl am Wochenende, was konnte sie überhaupt machen? Sollte er sie nicht einmal zu sich bitten, hier in seine Wohnung, und sie etwas verwöhnen? Wie würde die Frau auf ein solches Ansinnen reagieren? Würde sie ihm vertrauen, oder würde ein so unerwartetes Angebot sie misstrauisch machen? Und was würde sie zu seiner hochherrschaftlichen Wohnung mit dem riesigen Flur, der vermutlich größer war als ihre ganze Wohnung, sagen? Würde sie das nicht alles nur irritieren und ihre gewohnte kleine Welt durcheinanderbringen?

Henrich drehte sich weg vom Fenster und griff nach dem Buch, das nun schon über Wochen ungelesen auf dem gläsernen Tisch neben der Couch lag, und blätterte zerstreut darin herum. „Krankheit als Sprache der Seele“ traf bei ihm auf skeptisches Interesse, fesselte ihn jedoch nicht sonderlich. In einem Abschnitt über die Prostata und ihre Probleme fand er den erhellenden Satz, dass die Vergrößerung der Prostata ein weit verbreitetes Problem der reifen Mannesjahre sei: Durch ihre zunehmende Vergrößerung drücke die Vorsteherdrüse, da sie die Harnröhre des Mannes umschließe, den Urinstrom ab, und mit zunehmender Erdrosselung verkomme der kräftige Harnstrahl, der Stolz des Mannes, allmählich zu einem müden Rinnsal.

Wirklich beunruhigend bei diesen Ausführungen war für Henrich der therapeutische Hinweis des Autors auf die eigentliche Ursache des geschilderten Phänomens: Denn die Aufgabe der Prostata sei es, Flüssigkeit zu produzieren, damit beim Geschlechtsverkehr alles gut gleite und die Samen auf ihrer Reise versorgt seien. Folglich nehme die Größe der Prostata durch Entleerung ab, durch sexuelle Enthaltsamkeit werde dagegen eine Vergrößerung des Stauraums nötig. In diesem Zusammenhang sei es interessant, dass in arabischen Kulturen, wo für den wohlhabenden Scheich bis ins Alter häufige sexuelle Betätigung die Regel sei, keine vergleichbaren Prostataprobleme aufträten. Fazit also: das Krankheitssyndrom wolle den Patienten zwingen, sich mehr auf seine Sexualität einzulassen.

Da hast du es wieder, dachte Henrich, die nächste Botschaft, die wir brauchen, ist immer genau dort, wo wir gerade sind. Auch er brauchte dringend eine Frau.

Und so machte er sich an diesem schönen Sonnentag bereit, sich in das provinzielle Getriebe seiner Stadt zu stürzen – mit unbestimmt-bestimmten Hoffnungen und völlig ungewissem Ziel – warf aber vorher zu seinem Glück noch einmal einen Blick in seinen Kalender. Dort fand er einen Termin, den er natürlich mal wieder fast vergessen hätte.

Noch zwölf Minuten, das wäre zu schaffen, wenn auch nur knapp – wenn er nicht Hergen Bronsy begegnen würde, seinem immer hilfreichen, immer besorgten, aber auch immer extrem kommunikationsbedürftigen Hauswart. Rehberg rannte die dreiundsechzig Stufen der Treppe hinunter, wobei er versuchte, beim Rennen dennoch leise zu sein (als könne er so akustisch unter Bronsys Aufmerksamkeit wegtauchen), nahm die Vordertür, auch leise, sah Bronsy – von hinten, welche Erleichterung! – drehte zur entgegengesetzten Seite ab und nahm, wie man so sagt, die Beine in die Hand.

Es war Rehberg gelungen, pünktlich zu sein. Im Behandlungsraum angekommen, zog er erst sein Hemd und dann seine Schuhe aus, überlegte dann, ob er auch seine Hose ausziehen sollte (er könnte das als schonenden Akt für die frischen Bügelfalten deklarieren), fand das aber zu peinlich und legte sich daher wie immer in halb angezogenem Zustand auf das blitzsaubere Leinen der elektrisch verstellbaren Liege.

Der Behandlungsraum lag in der oberen Ebene eines unübersichtlichen Großgebäudes mit diversen Treppen, Aufzügen, Zwischenhöfen, Wohn- und Gewerbeeinheiten. Hier oben war es jedoch immer wunderbar ruhig. Beruhigend war nicht nur die Höhen-Abgeschiedenheit des Raumes, sondern auch seine Ausstattung mit diversen Grünpflanzen. Durch die gläserne Tür zu einer Winzigterasse konnte er auf die noch weit höher ragenden Mauern von St. Ulrici blicken, einer der aus Riesenquadern gebauten Großkirchen der Stadt, die in stoischer Festigkeit dort schon Jahrhunderte überdauert hatte.

Wie schon die letzten Male kam die Inhaberin des Kosmetiksalons, die ihn eigentlich behandelte, nicht gleich selbst, sondern hatte ihre schon fast überherzliche Mitarbeiterin geschickt, um ihn vorzubereiten . Während die behutsam an ihm arbeitete, fragte er sich, wie sie wohl auf ein bestimmtes Angebot von ihm reagieren würde. Oder wartete sie vielleicht sogar darauf? War ihre unentwegt höfliche Behutsamkeit nicht eine einzige Aufforderung, es doch zu wagen? Sicher, sie war verheiratet, sprach sogar hin und wieder von ihrem Mann – aber vielleicht nur, um ihr Gewissen zu erleichtern, das durch ihre vermutlichen Erwartungen belastet sein könnte. Vielleicht wollte sie auch nur die Hürden etwas höher legen, um die Ernsthaftigkeit seines Wollens zu prüfen?

Im Grunde hätte doch ein Zusammenkommen mit ihr etwas Therapeutisches, war durch ihren weißen Kittel sozusagen induziert – wer weiß denn, ob sie darunter überhaupt etwas anhatte? Wenn sie vier oder fünf Knöpfe ihres Kittels öffnete, könnte sie sich ihm offenbaren, sich dann über ihn beugen und .... Rehberg lächelte über seine Phantasien, beantwortete freundlich ihre Fragen und stellte höflich selbst einige (er konnte nicht ahnen, dass Frau Zernek am Abend ihrem Mann wieder – verhalten amüsiert – von dem so sehr kultivierten und zurückhaltenden Professor erzählen würde, dessen Vorbehandlung ihr heute wieder übertragen worden war).

Nun lag er unter dem duftenden Dampfstrahl, den sie mit einem »Gut so?« auf sein Gesicht gerichtet hatte. Das war immer ein sehr beruhigender Teil der Behandlung. Er hatte den ersten Kontakt hinter sich gebracht, hatte weibliche Zuwendung erfahren und konnte sich nun mit geschlossenen Augen entspannen. Manchmal glitt er in solchen Augenblicken ein bisschen weg, bis ihn die freundliche Stimme von Frau Rahmann-Klohfen mit »Nun, dann woll'n wir mal!« weckte. Sie brachte eine Schüssel mit warmem Wasser, nahm die mit Creme getränkten Wattebäusche von seinen Augen und machte sich ans Werk.

Im Laufe der Jahre hatte sich zwischen Rehberg und Frau Rahmann-Klohfen ein Verhältnis einverständlichen Humors entwickelt. Er erzählte ihr von Menschen und Geschehnissen in einer Weise, dass sie immer wieder mit einem »Ist nicht wahr!« stuckernd lachte, was ihn zum Erzählen weiterer Begebenheiten anspornte. Rehberg war eigentlich immer voll Bewunderung für die Damen, die Freude daran hatten, die Haut anderer Menschen zu reinigen. Hier war alles so klinisch-ästhetisch, und St. Ulrici wachte über die Einhaltung der moralischen Normen, deren Übertretung hier niemals möglich sein würde. Er würde sich also weiter umsehen müssen. Das war ja auch gut so! Bestimmte Situationen verliefen eben in ihren eingefahrenen Bahnen; sie ertrugen die Unbestimmtheit überschießender Visionen wie einen unsichtbaren Schmuck, an dem sich der eine erfreut und der dem anderen nicht schadet.

So ging es ihm auch mit seiner Friseuse Petra, eigentlich Frau Draschke, vielmehr – nach ihrer Scheidung – Frau Schönendörfer. Aber er sagte zu ihr eben Petra, irgendwann hatte sie ihn hierzu ermutigt. Vielleicht fand sie diese kleine Zutraulichkeit auch ganz amüsant; für ihn jedenfalls war im Gebrauch des Vornamens, weiterhin mit einem „Sie" in der Anrede verbunden, ein Zipfelchen von Erotik beschlossen, von der er sich immer mehr erhofft hatte.

Petra hatte eine jener begnadeten Figuren, bei denen ein Mann einfach nicht neutral bleiben und auch nicht verstehen kann, wie man sich von einer solchen Frau scheiden lassen konnte. Und dann diese dunkelblonde Haarflut, die sie immer in ganz unterschiedlicher Weise trug und immer so ästhetisch bändigte, dass er über jede Variante immer neu begeistert war. Mal hatte sie den Strom ihrer Haare nur locker zusammengebunden, so dass er nur auf seine Befreiung zu warten schien, mal hatte sie ihn, ganz Dame, aufwändig nach oben gebunden, mal wippte die Flut als Pferdeschwanz, so dass man sie dann nur als Mädchen begreifen konnte. Rehberg begrüßte sie jedes Mal, wenn er wieder einen Termin bei ihr hatte, in dieser albernen Luftkussmanier. Sie nahmen nun schon seit Jahren Anteil an den Beziehungsschicksalen des jeweils anderen. Kaum hatte sie ihm den Umhang um seinen Hals gebunden, die Haare kurz etwas angefeuchtet und zur Schere gegriffen, da flogen auch schon die Sätze zwischen ihnen hin und her.

Selten hatte er mit einer Frau so verständig über die Beziehung zwischen Mann und Frau sprechen können wie mit ihr. Manchmal fragte er sich, ob die Distanz, die zwischen ihnen beiden bestand, der Preis für diese verstehende Vertrautheit war, ob nicht bei näherem Kennenlernen oder gar bei einem intimen Zusammensein Missverständnisse und Konflikte dieses schöne Einverständnis zerstören würden.

Zum ersten Mal kam ihm der Gedanke, dass Liebe sich nur im Verzicht erfüllen könnte. Warum scheiterten denn alle großen Lieben in Literatur und Film? Weil die Paare nicht freiwillig Verzicht übten! Alle wollten sie ihre große Liebe als ausschließliche Liebe haben, und das war der Grund, warum sie sterben oder entsagen mussten. So manches Mal war Rehberg aus Petras Salon mit frisch geschnittenen Haaren in einer Art Liebesverwandlung herausgetreten, spürte dann diese brennende Weite in seiner Brust, war überzeugt, dass sie es war, die für ihn Bestimmte, hoffte, dass auch sie so empfand, und erwartete, dass nun etwas mit ihnen beiden geschehen würde. Ja, er malte sich, wenn ihm wieder einer seiner Fairway-Schläge gelang, aus, dass sie eigentlich mit ihm spielen müsste, blinzelte dann in die Sonne und war glücklich mit dieser Vorstellung – rutschte aber in wenigen

Stunden vom Gipfel seiner Empfindungen wieder in die Normalität einer stillen Zugewandtheit ab und vertröstete sich bis zu seinem nächsten Termin bei ihr.

Sollte er sie heute wegen eines Haarschnitts anrufen? Er schlenderte durch die Stadt, schaute vielen Frauen nach und brachte sich mit dieser und jener versuchsweise gedanklich in Verbindung, aber jedes Mal – Fehlanzeige.

Wie kann man denn überhaupt eine Frau kennenlernen? Einmal hatte er, von einer Israelreise zurückkehrend, auf seinem Schreibtisch einen Brief vorgefunden, der, mit einem Münchener Poststempel versehen, zwar keinen Absender trug, aber ganz korrekt an ihn adressiert war. Der Umschlag enthielt einen Brief und das Bild einer Frau mit blonden Haaren in einer Trachtenjacke. Irgendjemand hatte ihm anonym geschrieben, bat um Verzeihung, dass er seinen Namen nicht nenne, jedenfalls jetzt noch nicht, teilte mit, dass er (der Absender war offensichtlich ein Mann) sich Gedanken um Rehberg und sein Alleinsein mache und er vor einiger Zeit die Frau, die auf der mitgeschickten Fotografie zu sehen sei, getroffen habe. Diese sei sehr attraktiv, jedoch nach dem Tod ihres Mannes ebenfalls allein, und er habe sich „mit allerhand Tricks" das Foto für Rehberg besorgt. Der Absender entschuldigte sich noch einmal für diese Art seines Vorgehens; wenn aber Rehberg mit der Frau auf dem Foto zusammenfände, würde ihn das freuen. Er würde sich dann zu erkennen geben, und er, Rehberg, würde dann verstehen, warum er in dieser Art vorgegangen sei.

Diesen Wink des Schicksals hatte Rehberg sich nicht entgehen lassen wollen und die im Brief genannte Telefonnummer gewählt. Er hatte der Unbekannten die unwahrscheinliche Geschichte von dem anonymen Brief erzählt, sich vorgestellt und sich schließlich mit ihr in ihrer

Wohnung in Kulmbach verabredet, dann ein paar Sachen in einen kleinen Koffer gepackt, seinen großen Audi vollgetankt, und war mit einer Geschwindigkeit, die den Großteil der Strecke nur knapp unter 200 Stundenkilometern lag, ins Bayerische gestürmt.

Er traf auf eine gutbürgerlich-kultivierte Frau in einer gutbürgerlich-kultivierten Wohnung, die ihn mit Schweinemedaillons und Rucolasalat auf Meißener Porzellan – gerahmt von Silberbestecken und umstickten Servietten – und einem ausgesuchtem Wein verwöhnte. Während sie in der milden Nacht noch lange auf dem Balkon saßen, erzählte sie ihm von ihren hilflosen Versuchen, einen Mann kennenzulernen. Zum Beispiel habe sie einmal, als sie mit ihrer Freundin zum Essen gegangen war, am Nachbartisch im Kreis seiner Freunde einen Mann gesehen, der genau dem Bild entsprach, das sie sich immer von ihrem „idealen" Mann gemacht habe. Auf Vorschlag ihrer Freundin habe sie ihr mehrfach laut und langsam ihre Telefonnummer mitgeteilt, in der Hoffnung, diese würde am Nachbartisch notiert werden. Es habe aber nicht funktioniert. Sie lachte und ließ Rehberg in ihrem frisch bezogenen Bett schlafen, während sie im Nachbarzimmer auf einer Couch schlief.

Das war die einzige Nacht in Rehbergs Leben, in der er kein Auge zumachen konnte. Stunde für Stunde schlug die große Standuhr in der Diele, und jedes Mal nahm er sich vor, ihre nächsten Schläge nicht mehr zu hören, aber er durfte ihre nervende Präzision, jedes Mal genau mitzählend, bis in den Morgen verfolgen. Dann warteten das spiegelblanke Bad und anschließend ein Fünf-Sterne-Frühstück auf ihn.

Sie machten einen Ausflug nach Regensburg, wo sie die obligatorischen Regensburger Brühwürste am „Strudel" aßen. Auf der Rückfahrt zeigte sie ihm in einem kleinen Ort ein

Haus direkt an der Hauptstraße, in dem sie mit ihrem Mann eine Fahrschule betrieben hatte.

Rehberg konnte sich nicht erinnern, warum sich aus ihrer Begegnung nichts weiter ergeben hatte. Er hatte sich einfach nicht weiter bemüht. Und schließlich war die Entfernung zwischen Braunschweig und Kulmbach auch zu groß.

Mit frisch behandeltem Gesicht streunte Rehberg weiter durch die Stadt. Ein milder Sonnenschein lud zum *dolce far niente* ein. Vor der Schaufensterfront eines großen Warenhauses lagerten zwei Stadtindianer mit ihren Hunden – ein Bild, das in ihm immer die uns schon bekannte Abscheu erregte. Wie konnte man sein Leben so vertun? Der junge Mann war mit allen Attributen einer antibürgerlichen Uniformierung – enganliegendes Lederzeug, Glitzerketten und einem durch seine Wange gezogenen Ring – ausgestattet, sein Haar in verschiedenfarbigen Streifen gefärbt, – während seine Begleiterin in undefinierbaren Wallegewändern fast unscheinbar neben ihm auf einer Decke hockte und ihren Hund streichelte.

Keinen Cent durfte man den beiden geben; das animierte sie nur zu weiterem Müßiggang!

So dachte offenbar auch die mittelgroße Frau mit ihrem tizianroten Strubbelkopf, die mit angespanntem Gesicht, ohne nach links oder rechts zu blicken, an dem Hunde-Mensch-Lager vorbeihastete. Rehberg stellte sich ihr mit ausgebreiteten Armen in den Weg.

»Herr Rehberg!«, rief die so plötzlich Überraschte. »Sie haben mir aber einen Schreck eingejagt!«

»Kommen Sie, wir gehen erst mal was trinken! Wie wäre es mit einen frisch gepressten Saft?« Rehberg hakte sie ein und machte mit ihr einen Bogen in Richtung Burg-Passage.

»Eigentlich habe ich gar keine Zeit. Ich will mir gerade eine neue Brille kaufen. War schon in drei Geschäften, habe aber keine gefunden, die mir gefallen hätte ... na gut, also fünf Minuten!« Sie ließ sich untergehakt an den Saftstand im „City-Point" führen. »Orange-Möhre nehme ich immer, ist das auch o.k. für Sie?«

»Ja, sehr schön.« Jetzt lächelte sie – sie war gelandet.

Sie erzählte von ihrer neuen Pellet-Heizung, und er warf dazu ab und an eine kurze Bemerkung ein. Während sie beide angeregt redeten, hoben und senkten sich ihre markanten Brüste. Er hatte sich eigentlich immer gewünscht, die sich ihm darbietende Wölbung einmal vorsichtig tastend erkunden zu dürfen. Immer wenn er sich vor ihr auszog, schien sie ihn dabei nicht uninteressiert zu beobachten. Aber seine Freundin, durch die er zu diesen Massagen gefunden hatte, bestand darauf, dass er dabei seine Unterhose anbehielt. »Das gehört sich so!«

Er dagegen fand es widernatürlich, bei einer Massage einen Teil des Körpers bedeckt zu lassen. Dadurch schränkte er ja das Aktionsfeld seiner Masseuse ein, die dann, während er auf dem Bauch lag, behutsam seine Hose ein Stück weit nach unten streifen musste. Immer wenn sie ihn mit ihren kräftigen Händen im Bereich seiner Lenden bearbeitete, hatte er das Gefühl, dass die Massage umso wirksamer war, je weiter sie sich nach unten vortraute. Wenn sie bestimmte Punkte jenseits der Spießergrenze massierte, wurde er regelrecht erotisch eingeschaltet, wobei dieses Erweckungserlebnis danach immer wieder mal seiner Lebenspartnerin zugute kam.

Frau Morgan-Meribel erschien zu ihren Massagediensten meist in zünftiger Bergsteigerkleidung mit festen Wanderstiefeln, die sie auch während der Behandlung anbehielt, wenn auch manchmal aufgeschnürt. An ihrem Outfit änderte sich auch nichts, als das Thermometer im Raum, der direkt neben der Sauna lag, einmal eine Temperatur von mehr als 30 Grad zeigte. Als Rehberg sich auskleidete und sie ihm dabei wie immer interessiert zusah, hatte sie nur den obersten Knopf ihres wollenen Bergsteigerhemdes mit der Bemerkung geöffnet, es sei ja ganz schön warm hier.

Ja, also eigentlich sollte man doch wieder zu regelmäßigen Massageterminen kommen, ja, schade, dass es mit der Beziehung zu Susanne (Rehbergs Freundin zur damaligen Zeit) zu Ende sei, die habe sie ja wirklich gemocht! Aber so ist nun mal das Leben! Manchmal wundere sie sich über sich selbst, dass sie es mit ihrem Mann schon achtzehn Jahre ausgehalten hätte, im Grunde seien sie beide doch sehr verschieden ... Vielleicht klappt es ja gerade aus diesem Grund, warf Rehberg ein, dem gerade bewusst wurde, dass Frau Meribel bislang eigentlich nie etwas von ihrem Mann erzählt hatte. Ja – sie lachte kurz – das könne gut sein, eins jedenfalls sei ganz klar: wenn das mit ihrem Mann zu Ende ginge – aus welchem Grund auch immer, keiner von uns ist schließlich unsterblich! – dann würde sie allein bleiben, wozu braucht man schließlich einen Mann?! »Allein kann man doch viel freier leben, man kann machen, was man will, muss keine Rücksicht nehmen – also bitte, nicht dass ich nicht auch die guten Seiten einer Ehe oder einer Dauerpartnerschaft sehe, aber es reicht dann auch. Jedes Ding hat eben seine Zeit!«

»Mit Verlaub, das sehe ich ganz anders.« Rehberg glaubte, diese Ehrlichkeit seiner Selbstachtung schuldig zu sein. »Ich sage im Gegenteil: Ein Königreich für eine Frau!« Vielleicht sei er ja nicht so selbständig wie sie, vielleicht ja noch nicht so weit in seinen Einsichten in die *conditio humana* – er sei eben ergänzungsbedürftig.

Sie sah ihn bei dieser Mitteilung mit einem Lächeln an, in dem auch etwas neugierige Bewunderung wohnte.

»Wissen Sie was«, sagte er da, »jetzt gehen wir ins Mövenpick und nehmen noch einen kräftigen Cappuccino zu uns, am besten mit einem dieser phantastischen Kuchen!« Er sei nun einmal bekennender Hedonist und jeder Widerstand sei daher zwecklos.

Ihr kurzer Blick auf die Uhr war nicht viel mehr als eine kleine Reverenz an ihre davongeschwommene Zeitplanung. Sie machte große Augen, er hakte sie wieder unter, und als sie sich nach einer guten Stunde trennten, verabschiedeten sie sich zum ersten Mal mit einer Umarmung.

Diesmal gelang es Rehberg nicht, ungeschoren wieder in seine Wohnung zu kommen. Hausmeister Bronsy wartete vor dem Eingang des Hauses auf ihn. Die ganze Zeit, in der Rehberg mit Bronsy unter einem Dach lebte, wurde er von diesem betreut und verwöhnt. Kein Kasten Wasser, den Rehberg leichtsinnig im Eingang stehen ließ, den Bronsy nicht die 63 Stufen hochbrachte, keine Bouletten-Brataktion, bei der Rehberg nicht kosten musste, kein Weihnachtsfest, bei dem Rehberg nicht einen bunt verpackten Glasteller oder etwas Ähnliches vor seiner Tür fand. Dabei war Bronsy jedoch nie aufdringlich, er hielt sich eher zurück.

Bronsy lebte in wundersamer Weise in einer Wohnung unter dem Dachfirst mit ausschließlich dachschrägen Zimmerwänden. Diese Wohnung teilte er mit etwa dreihundert Flaschen Hochprozentigem, die er – als konsequenter Antialkoholiker wohl mehr wegen der unterschiedlichen Flaschenformen – angesammelt und mit denen er im Lauf der Zeit fast alle seine Regale, Schränke und Kommoden gefüllt hatte. Und er teilte seine Wohnung mit seinen Hühnern: Im Gegensatz zu Rehbergs ansonsten fürstlicher Wohnung verfügte die des Hausmeisters über eine großflächige Dachterrasse, die er mit verschiedenen Topfpflanzen, der mannshohen Nachbildung eines bunten Leuchtturms, anderen Beutestücken seiner früheren Reisen und mit einem Hühnerverschlag bevölkert hatte. In diesem hielt er ausschließlich exotische Tiere, vom vorderindischen Sonneratshuhn bis zum javanischen Gabelschwanzhuhn.

Die Tiere pflegten mit geziertem Kopfnicken auf der Terrasse hoch über der Stadt herumzustolzieren, in offenkundigem Bewusstsein ihrer Auserwähltheit. Hin und wieder legten sie, ihrer eigentlichen Bestimmung gemäß, auch Eier. Diese waren zwar kleiner als das gemeindeutsche Frühstücksei aus freier Bodenhaltung, hatten dafür aber aparte Farben, meist ein helles Grün oder ein frisches Gelb. Es verstand sich von selbst, dass Rehberg vor seiner Tür alle paar Wochen einen Teller mit exotischen Eiern vorfand.

Manchmal kam es vor, dass einer von Bronsys Hähnen auf Entdeckungsreise ging. Bronsy musste dann die Verfolgung über die Dächer der Stadt aufnehmen, um ihn wieder einzufangen, wobei er eine sehr eigenwillige, zwar etwas zeitaufwändige, aber doch immer erfolgreiche Methode anwandte: Hatte er den Ungetreuen ausfindig gemacht, musste er nur noch die Dunkelheit abwarten, dann seine starke Taschenlampe einschalten, und schon konnte er den so Geblendeten mit festem Griff packen.

Bronsy hatte noch zwei weitere Eigenschaften, die der Erwähnung wert sind: Zum einen lief er auch bei der grimmigsten Kälte in Hemden mit kurzen Ärmeln herum, trug aber im Kontrast dazu auf seinem runden Schädel eine dicke Wollmütze, zum anderen litt er (wenn „leiden“ hier überhaupt das angemessene Wort ist!) unter einer Berührungsphobie. Aus welchen Tiefen frühjugendlicher Traumatisierung auch immer (wobei die Annahme eines solchen Ursprungs jedoch nur eine psychoanalytische Spekulation wäre) reagierte er auf jede Berührung – mit Ausnahme eines sozial adäquaten Händedrucks – mit schreckhafter Abwehr.

Rehberg hatte einmal in einem emotional hoch wogenden Männergespräch Bronsys Arm berührt, mit Erschrecken dessen heftige Abwehreaktion wahrgenommen und sich daraufhin sofort entschuldigt, was prompt eine Gegenentschuldigung Bronsys ausgelöst hatte: Er könne nichts dafür. Wenn er von Ärzten behandelt würde, käme es deshalb immer zu dramatischen Szenen, auch beim „Bund" hätte er damit immer besondere Probleme gehabt.

Rehberg stellte sich die Frage, welche Folgen Bronsys Phobie wohl für sein Verhältnis zum anderen Geschlecht haben musste. Jedenfalls war seine Frau schon lange in eine eigene Wohnung gezogen, hielt aber ihrem eigenwilligen „Dicken", wie sie ihn nannte, immer noch schwergängig die Treue. Hiervon konnte Bronsy insbesondere nach einem Ereignis profitieren, dass kurz nach seiner unfreiwilligen Frühpensionierung (die Hauseigentümerin hatte die Dienste des Hausmeisters einem professionellen Dienstleister übertragen) sein Leben völlig verändern sollte: Eines Tages traf Rehberg Frau Bronsy heftig schluchzend im Treppenflur. Unter Tränen stieß sie immer wieder ein »Hoffentlich überlebt er! Hoffentlich überlebt er!« aus. Als sie sich beruhigt hatte, erfuhr Rehberg, dass Bronsy im Krankenhaus Holwedestraße im Koma lag. Er war nachts mit seinem Moped unterwegs gewesen, nicht mit seiner großen BMW und auch nicht mit seinem hochmotorisierten Skoda, da hatte ihn ein betrunkener Raser mit seinem Wagen erfasst und ihn in einer fast tödlichen Parabel durch die Luft geschleudert (Frau Bronsy sprach hier zunächst von zwanzig

Metern, erhöhte aber später auf dreißig). Bronsy lag sechs Wochen im Koma, nach seinem Erwachen daraus folgten noch etliche Operationen, worauf sich eine Reha-Zeit anschloss, und danach musste er einige Wochen bei seiner Frau wohnen und sich von ihr versorgen lassen, was für ihn vermutlich das Schwerste aller Leiden darstellte.

Warum konnte er nicht akzeptieren, dass sich seine Frau für ihn aufopferte? Hatte er neben der Berührungsphobie, die seinen Körper betraf, vielleicht noch eine seelische? Und wo war er wohl in jener Nacht gewesen? Richtung Cremlingen an der B 1 hatte er weder Freunde noch Bekannte. Und warum hatte er ausgerechnet dieses „schnittige Moped" und nicht sein sicheres Auto genommen? Das waren Fragen, die sich Frau Bronsy stellte, und die für sie das ganze Geschehen noch schwieriger zu verstehen und somit mysteriöser machten.

Inzwischen war Bronsy so weit wieder hergestellt, dass er, sich am Geländer festhaltend, die Treppen hinunter- und auch wieder heraufhangeln und sich mit einer jener einkaufswagenähnlichen Gehhilfen leidlich fortbewegen konnte. Hierauf gestützt stand er nun vor dem torähnlichen Hauseingang, der mal als Durchfahrt für Kutschen gedient hatte, und wartete auf Rehberg. In der Ablage von Bronsys Gehhilfe lagen zwei Tüten, von denen er eine Rehberg mit dem Hinweis reichte, er habe die Brötchen darin im Sonderangebot erstanden.

Rehberg fragte Bronsy höflich, welche Fortschritte seine Genesung mache, was augenblicklich den befürchteten Redeschwall auslöste, der nun auf ihn eindrang: Bronsy hatte während seiner Aufenthalte in Krankenhaus und Reha immer wieder mit der juristischen Durchsetzungskraft von Professor Rehberg gedroht, wenn man dort nicht so wollte, wie er wollte – und dann sei alles „wie geschmiert" gelaufen. Ja, ja, es habe ihm sehr geholfen, dass er bei Bedarf den Herrn Professor erwähnen konnte!

Während Bronsy diese Geschichte, die er offenbar besonders liebte, jetzt mindestens zum dritten Mal erzählte, gebar sein nun wieder hergestelltes Hirn dabei durchaus auch neue Lebenserinnerungen, und somit erfuhr Rehberg nun einige Erlebnisse des ehemaligen Hauptgefreiten Bronsy:

Wie dieser zum Beispiel für ein anständiges Benehmen seiner Truppe beim Essen auch dadurch gesorgt hatte, dass er „unanständige" Esser mit dem Kopf in die Suppe getaucht hatte, oder unaufmerksame Teilnehmer am morgendlichen Appell mit einem Arm so in die Höhe hob, dass ihnen da oben die Luft weggeblieben war („Das kann ich Ihnen sagen!").

Aus diesem Bericht heraus bekam dann ohne jede assoziative Überanstrengung Otto der Große (dem in Magdeburg gerade eine Ausstellung gewidmet wurde) sein Fett weg, na ja, wenn der sein Magdeburg zum Bischofssitz gemacht hat, dann doch in der Hoffung auf himmlischen Beistand, wollte sich Himmelsmacht sichern (Bronsy lachte kurz auf). Das eigentliche Problem damals war allerdings die Kommunikation, also richtiger: die fehlenden Möglichkeiten der Kommunikation, das war bei der Braunschweiger Jute anders, die wussten sehr genau, wie viele Säcke pro Ernte benötigt wurden, ja ja, die alten Braunschweiger! Dolle Kerle! Wenn man daran denkt, dass die das eingenommene Geld in kleinen Säckchen zur Bank gebracht hatten! Kann man sich das heute noch vorstellen, dass Menschen mit Geldsäcken durch die Stadt gehen, ohne eins über die Rübe zu bekommen – das ist doch gar nicht mehr vorstellbar! Obwohl es heute auch anständige Menschen gibt, das kann man nicht abstreiten! Leider gibt es bei denen „da oben“ – Bronsy hob irritierenderweise seine Augen zum Himmel – zu wenige von dieser Gattung, da denkt doch jeder nur an sich selbst und an sein Geld! Obwohl doch viele gar nicht wissen, wie sie ihren Zaster ausgeben sollen! An die Armen verschenken geht freilich auch nicht, dann ist man bald pleite – so pleite wie der Staat mit seinen Hartz-Programmen! Haben sich aber mächtig verkalkuliert! Wie kann das nur passieren, so viele gescheite und studierte Leute, und wissen doch nicht, was sie tun oder tun sollten, jedenfalls nicht, was sie anrichten – als würden die das das erste Mal machen! Herrgott! Wissen Sie was, wir leiden an einer allgemeinen Herumwurstelei, das ist unser Hauptproblem! Aber, das sage ich Ihnen, noch geht es nicht unter, unser Abendland, noch nicht! Dauert noch ein Weilchen! Wenn so ein Dampfer erst mal in Fahrt ist, kann ihn so schnell keiner stoppen! Vielen geht es ja auch durchaus gut! Es läuft doch alles, aber wie lange? Eine Bombe auf Ras Tanura und die Weltwirtschaft geht in die Knie! Die Amerikaner hätten doch niemals Krieg in Nahost gemacht, wenn es ihnen nicht um das Öl gegangen wäre! Sind ja auch völlig abhängig davon, keine Nahverkehrssysteme, keine leistungsfähigen Fernbahnen, die Öllobby hat doch alles erfolgreich verhindert! Ja, da ist unser deutsches System doch viel besser, also ausgewogener! Überhaupt: Die Amerikaner leben auf Pump, fast überall, das geht auch nicht ewig so weiter, eines Tages muss die Rechnung bezahlt werden, und dann gibt es Heulen und Zähneklappern!

Rehberg war nun an die Grenzen seiner Leidensfähigkeit gelangt. Mit gelegentlichen Zeichen der Zustimmung, verschiedenen Einwürfen, verstehenden Lachern und eingestreutem nachdenklichen Nicken hatte er Bronsys Suada über sich ergehen lassen. Jetzt aber begann er über seine Lebenszeit nachzudenken, die er Bronsy geopfert hatte, schalt sich jedoch im selben Atemzug wegen seiner Ungeduld und geriet somit derart unter Stress, dass dadurch weitere, seinen Stress verstärkende Aggressionen in ihm hochbrandeten.

»Herr Bronsy«, nutzte er eine Pause des Atemholens, die sein Gegenüber leichtsinnigerweise gemacht hatte, »da muss ich erst einmal drüber nachdenken, was Sie da alles gesagt haben!«, blickte zur Uhr (wofür er sich sofort wieder entschuldigte) und folgte dann einem übermächtigen Fluchtreflex, zumal ein unbestimmtes und beunruhigendes Bild in ihm aufgestiegen war – das Bild eines engelhaften Frauengesichts, von dem er erst nicht wusste, ob es ein Traum, ein Bild in einer Illustrierten oder eine reale Begegnung war, die sich da in ihm festgesetzt hatte.

Maulwurfsgleich zog er darauf durch die Gräben seiner Erinnerung, warf überflüssige Verschüttungen zur Seite und stieg dabei nicht nur die dreiundsechzig Stufen der real existierenden Treppe hinauf, sondern zugleich in seinem Kopf zu größerer Erhellung seiner Vorstellungen und damit zu einer befreienden Klärung, denn er wusste auf einmal: Es war das Gesicht dieses unscheinbaren Mädchens in ihren undefinierbaren Wallegewändern, das vor einem der Schaufenster des großen Warenhauses neben ihrem – ja vielleicht Freund? – auf einer Decke gehockt und ihren Hund gestreichelt hatte.

Hatte er sie nicht wahrnehmen wollen?

Aber warum hatte sich ihm ihr Gesicht dann so eingeprägt, dass es jetzt so bildmächtig in ihm aufgestiegen war?

Ja, er hatte eine große Abneigung gegen diese Streuner, die ihre junge Lebenszeit auf der Straße vertaten, ziellos, sinnlos, verneinend. Warum hatte er dann überhaupt hingeschaut und dieser ihm missfallenden Gegenwelt Aufmerksamkeit geschenkt?

Irgendein Fragen musste da in ihm wirksam geworden sein. Vielleicht hatte er nach einem Verständnis des ihm Unverständlichen gesucht – wobei er jedoch in seinem Widerwillen gegen eine solche Vergeudung von Lebensmöglichkeiten gar nicht genau hingeschaut hatte. Dennoch hatte sich das Gesicht dieses Mädchens in ihm festgesetzt. Sie hatte das Gesicht eines Engels gehabt – ein Gesicht, das zu ihrem Auftritt als Straßenbettlerin, der ihm so zuwider gewesen war, überhaupt nicht gepasst hatte.

Ja, das war es!

Sie hatte ein Gesicht völliger Unschuld und Ebenmäßigkeit, ein Gesicht, das von den Widerwärtigkeiten ihres erniedrigenden Bettelns im Schmutz der Straße völlig unberührt schien. Dieses Gegenbild musste sich ihm eingeprägt haben. Die subliminale Projektion des Wirklichen – Seelenfotografie!

Er trat in den Luxus seines großen Flurs – mit seinem blitzsauberen Marmorboden, dem vertrauten Duft nach Frische und der Ruhe des Lichts, das durch die hohen Sprossenfenster einfiel. Am Ende der Eingangshalle stand die Wohnzimmertür offen und verdoppelte noch einmal die Länge des Flurs bis zu dem großen Fenster hinter dem Esstisch mit seiner bootsförmig gebogenen Granitplatte. Vor diesem Fenster wachte ein steinerner Obelisk – ein Teil der Neorenaissance-Fassade des Hauses, der von innen zu erkennen war. Hier war er zuhause! Dies war seine Welt, eine Welt der ästhetischen Ordnung und der architektonischen Klarheit. Hoch über dem Getriebe der Stadt, war er doch mitten drin, jedoch dabei ihrem Gewimmel wohltuend enthoben!

In den nächsten Tagen ging er immer wieder an dem Warenhaus vorbei, vor dem das Mädchen gehockt hatte, aber der Platz vor der Schaufensterfront blieb leer – eine Leere, die ihn hilflos machte und die er mit der Erinnerung an ihr Aussehen zu füllen versuchte. Aber er konnte nichts mehr in sich aufrufen, mit Ausnahme seiner Erinnerung an ihr Gesicht. Er versuchte, sich wenigstens den Hund wieder vor sein Auge zu holen, aber es blieb alles unscharf und unbestimmt.

Warum war er so oberflächlich? Schon seine Mutter hatte sich immer wieder über seine „Blindheit", wie sie es nannte, lustig gemacht, seine Unfähigkeit, etwas zu sehen oder zu finden, obwohl es direkt vor ihm stand. Immer wieder legten sich zwischen seine Augen und die Objekte, die er eigentlich betrachten wollte, seine ungerichteten Gedanken. Dabei verfügte er rein optisch gesehen über ein geradezu adlergleiches Sehvermögen – was jedoch die Nachhaltigkeit seines Selbstvorwurfes noch verstärkte. Er nahm sich vor, zukünftig nach Möglichkeit nur noch gedankenfrei zu schauen, die Bilder der Wirklichkeit in sich hineinzulassen, ohne sie durch den Filter seiner Reflexionen zu trüben.

Aber jagte er damit nicht wieder einem Phantom nach? Wie oft hatte er in seinem Leben die Erfahrung der Begegnung mit einer Frau gemacht, die ihn sofort faszinierte, nur Augen-Blicke, die jedes Mal eine Welt in ihm aufrissen, Kosmen der Hoffnung in ihm erstrahlen ließen und die jedes Mal sein unbedingtes Wollen weckten, jene Frau wiederzusehen. Aber niemals war er einer dieser Sekundenschönen wiederbegegnet, und er hatte sich danach auch immer wieder gefragt, ob es nicht besser gewesen war, dass diese Begegnungen ohne Folgen vorbeiwehten.

War denn jetzt ausgerechnet dieses Engelsgesicht, das aus dem Schmutz der Straße aufgeschienen war, ein anderer „Fall"? Sicher, nie hatte er sich nach einem femininen Blitzeinschlag so gezielt auf die Suche begeben.

Verfluchte Reflektiererei! Diese ewige Suche nach „der" Begegnung ist ja im Grunde eine Marotte, eine klebrige Besessenheit, die infantile, vernarrte Hoffnung auf eine kraftbrüstige Erlösung, die er seit seinen Kindertagen mit sich schleppte.

Zieht uns das ewig Weibliche wirklich hinan – oder geht es letztlich einfach ums Vögeln?

Er musste sich aber eingestehen, dass sich seine Fleischeslust mit jeder Individualisierung sublimiert hatte. Hätte er eine Frau, die er kennenlernte, nur als Objekt seiner Triebabfuhr behandelt, so hätte er sein Bild von sich selbst völlig verändern oder ganz aufgeben müssen. Nicht nur Denken, Zweifeln und Sein machen das menschliche Wesen aus (Monsieur Descartes!), sondern auch die subjektive Unmöglichkeit, jede ihm begegnende Frau nicht auch als eigenständiges Wesen zu begreifen. Wie viele Möglichkeiten der so genannten „käuflichen Liebe" – eine *contradictio in adjecto!* – hatten sich ihm nicht auf seinen Reisen geboten, doch keine hatte er wahrgenommen, auch nicht in Stunden größter Sinnesnot, wenn sein Alleinsein ihn die Wände hochgetrieben hatte.

Rehberg schüttelte sich in der Erinnerung daran, lachte in sich hinein – und suchte weiter nach *ihr*. Es war keinerlei Ungeduld in ihm, er wusste mit Sicherheit, dass er sie irgendwann, irgendwo wieder treffen würde. So nahm er es als gutes Zeichen, dass eines Tages der lederbekleidete junge Mann mit seinen bunten Haaren, seinen Glitzerketten und dem unvergesslich durch die Wange gezogenen Ring wieder vor den Schaufenstern des Warenhauses lagerte. Rehberg versuchte gelassen zu bleiben, als er eine Zwei-Euro-Münze in den bunten Plastikbecher auf seiner Decke warf. Der Hund zog bei dem Geräusch lediglich ein Augenlid hoch, der junge Mann jedoch bedankte sich mit überraschend heller Stimme. Eigentlich hat er keine schlechten Augen, musste Rehberg sich eingestehen.

»Na, heute alleine?«, fragte er leichthin, und der junge Mann antwortete: »Mal so und mal so.« Rehberg, der sich nicht traute, noch etwas über die damalige Lagerpartnerin zu erfragen, zog mit einem »Also dann noch viel Erfolg!« weiter.

In den folgende Wochen hatte Rehberg viel mit den Magister- und Magisterzwischenprüfungen der Universität zu tun, das Sommersemester ging zu Ende. In den ersten Wochen der vorlesungsfreien Zeit war er dann gefangen durch bislang unerledigte Arbeiten, Verpflichtungen zu Veröffentlichungen, die er eingegangenen war, und die Vorbereitungen auf einen Kongress zum neuen Urheberrecht in Zürich. Nach seiner Rückkehr begannen sich schon die Blätter zu verfärben, aber die verlässliche Sonne des Spätsommers schien noch warm auf Menschen und Stadt. Alles war fast noch wie im Hochsommer, aber Rehberg empfand, dass sich eigentlich schon alles irgendwie verändert hatte. Bald darauf wurden die Tage auch merklich kürzer, und Rehberg zog sich nun seinen Mantel an, wenn er in der Stadt etwas erledigen musste; der norddeutsche Herbst hatte begonnen.

Zwei Tage vor Beginn des Wintersemesters musste er noch eine Kleinigkeit für sein Büro besorgen. Als er auf die Straße trat, war der Himmel wolkenschwer und regnerisch. Seinen Schirm gegen den Wind stemmend, umschritt Rehberg Pfützen, versuchte, sich gegen quer schlagende Schauer zu schützen, und musste dann doch feststellen, dass seine Hosenbeine oberhalb der Schuhe nass und schwer wurden. Da der Wind von vorn kam, wurde ihm durch den zum Schutz vorgehaltenen Schirm der Blick auf die übrigen Passanten genommen, und er musste aufpassen, um Zusammenstöße zu vermeiden. So war er dann froh, als er das vorstehende Dach des Warenhauses erreicht hatte. Er machte Anstalten, seinen

Schirm von den Regentropfen zu befreien, als eine dunkle Frauenstimme ihn mit den Worten »Bitte mich nicht beregnen!« davon abhielt. Rehberg zog den Schirm zurück und sah *sie*. Sie hockte an derselben Stelle, an der er sie das erste Mal wahrgenommen hatte; zwei Schritte dahinter saß ihr unbeteiligt wirkender Begleiter mit bunt gefärbten Haaren, schimmernden Ketten und Wangenring.

»Down, Anaximander!«, befahl sie ihrem Hund, der sofort aufgestandenen war, aber auch sofort gehorchte, dabei jedoch weiter misstrauisch zu Rehberg aufsah. Dieser entschuldigte sich für seine Achtlosigkeit, ging in die Knie und tastete nach seiner Geldbörse. Außer einem Zwanzig-Euro-Schein fand er darin aber nichts Passendes. Er wollte diesen in den vor ihr stehenden Becher stecken, in dem sich lediglich ein paar kleine Münzen befanden.

»Das ist zu viel«, wehrte sie ab, »das geht nicht!«, und hielt die Hand über ihren Becher, wobei ihr bunthaariger Begleiter die Szene eher desinteressiert zu beobachten schien.

»Sie können das ruhig nehmen, erstens habe ich nichts anderes, und zweitens erleichtert das mein Gewissen! Fast hätte ich Sie ja pudelnass gemacht!«

»Haben Sie aber nicht! Wenn Sie unbedingt etwas loswerden wollen, können Sie ja drüben im Laden wechseln.«

Während Rehberg zu dem Geschäft gegenüber stratzte, hörte es auf zu regnen. Zu ihr zurückgekehrt, hockte er sich wieder vor sie nieder und versuchte es mit einem Zehner, womit er diesmal erfolgreich war. Während sie prüfend nach dem Geldschein in ihrem Plastikbecher blickte, begannen dessen Farben in den Strahlen der Sonne, die in diesem Moment durch die Wolken brach, zu leuchten.

»Schön«, sagte sie, und Rehberg wusste nicht, ob sie die Sonne oder das Geld meinte. Dann reckte sie ihr Gesicht in die Sonne und wickelte das Tuch von ihrem Kopf. Vor Rehbergs Augen ergoss sich eine dunkel schimmernde Haarflut auf ihre Schultern. Sie sagte nichts, ihm fiel nichts ein, das sich zu sagen gelohnt hätte. Nur zu gern wäre er bei ihr hocken geblieben und hätte ihr raffaelitisches Madonnengesicht weiter und weiter schweigend bestaunt. Er wusste aber doch auch, dass dies nicht möglich war und er es auch nicht tun sollte. Vor allem hinderte ihn seine Erfahrung, dass er bei jedem Gang in die Stadt mit großer Sicherheit jemanden traf, den er kannte – und was sollte man von ihm denken, wenn er hier vor einer Stadtstreicherin hockte und sie anstarrte?

»Nun«, sagte sie, ohne ihr Gesicht aus der Sonne zu nehmen oder auch nur die Augen zu öffnen, » – haben Sie denn gar nichts mehr vor, wartet nicht eine Aufgabe auf Sie, die Sie noch erledigen müssen, wollen Sie nicht noch irgendetwas vollbringen?«

»Doch, das muss ich, natürlich, Sie haben Recht!« Fast hätte er sich noch einmal entschuldigt.

»Wissen Sie«, sagte sie jetzt, drehte ihren Kopf zu ihm hin und öffnete die Augen ein wenig, »Sie haben doch sicher Visitenkarten, lassen Sie eine davon hier«.

Rehberg durchflutete ein warmer Strom, sein Herz machte ein paar heftige Sätze, gleichzeitig schämte er sich, denn er hatte ihr von sich aus eine seiner Karten geben wollen, sich aber nicht getraut. Nun konnte er erleichtert ihrer Aufforderung nachkommen. Sie hielt ihm den Becher hin, er steckte seine Karte neben den Geldschein, sie bedankte sich und entließ ihn mit einem freundlichen Kopfnicken.

Rehberg wanderte aufgewühlt und ziellos durch die Stadt. In ihm kämpften widerstreitende Gefühle. Ein nie gekanntes Glücksempfinden stritt mit dem Selbstvorwurf, jämmerlich versagt zu haben.

Aber sie hatte ja seine Karte gewollt, also wollte sie offenbar auch, dass es irgendwie weiterginge.

Es ist nun einmal so geschehen, sagte er sich dann, als sich der Sturm seiner Gefühle etwas gelegt hatte, nimm es hin, wie es war, du hast dich ja nicht völlig falsch benommen, und du hast dir auch nichts vergeben! Mit solchen Gedanken beruhigte er sich, soweit das eben ging, und nahm Kurs auf seine Wohnung, denn der Himmel verfinsterte sich wieder zusehends. Kaum hatte er einige der Schirmlampen auf den breiten Fensterbrettern und den niedrigen Glastischen neben der Couch eingeschaltet, da rauschte auch schon wieder der Regen gegen die hohen Sprossenfenster.

Rehberg schob die gläserne Abdeckung vor dem Kamin nach oben und entzündete das dahinter geschichtete Holz. Dann schloss er die Abdeckung wieder, holte sich eine Flasche Rotwein aus der Speisekammer, setzte sich auf die Couch und beobachtete das Feuer, das beruhigend in den Raum leuchtete.

Gegen seine Gewohnheit ließ er an diesem Nachmittag die Zeitungen und Zeitschriften ebenso ungeöffnet wie die verschiedenen Bücher, die er zurzeit las. Auch unterließ er die Anrufe, die er eigentlich heute noch hätte erledigen müssen; er warf auch nicht einen Blick auf den Stapel Semesterarbeiten, die zu korrigieren waren, und ebenso verschob er die weitere Lektüre der auf seinem Schreibtisch wartenden Dissertation über die Deregulierung im deutschen und europäischen Lebensmittelrecht auf einen der kommenden Tage.

Seine Gedanken kreisten über einem Abgrund von Zweifeln und Selbstkritik, flogen zu Gipfeln der Bestätigung, durchwanderten unwirkliche Gedankengebäude und endeten immer wieder bei ihrer ausgestreckten Hand mit dem

Becher, in den er vertrauens- und erwartungsvoll seine Identität gelegt hatte.

Mit jedem weiteren Glas Rotwein wurde ihm diese Geste zu ihrer eigentlichen Botschaft. Sie hätte ihn doch niemals aufgefordert, seine Visitenkarte zurückzulassen, wenn sie sich dadurch nicht irgendeine Art der Kontaktaufnahme versprochen hätte. Besonders wirkte die ruhige Sicherheit in ihm nach, mit der sie ihre Geste vollzogen hatte, ihr Gesicht mit geschlossenen Augen der Sonne zugewandt. Hell und kräftig orientiert, nicht etwa verstohlen und verdeckt, hatte sie ihm ihren Becher hingehalten, die ganze Zeit, die er benötigte, um seine Visitenkarte hervorzusuchen. Sie hatte also vorsätzlich gehandelt – nein, mit Absicht, verbesserte er diesen juristischen Ansatz sofort. Und er hatte dabei sofort gewusst, dass sie so etwas das erste Mal gemacht hatte.

Rehberg legte zwei Scheite Holz nach, schenkte sich den Rest des Rotweins ein und schaute noch eine Weile dem Spiel der Flammen zu.

Das Wintersemester begann, wie auch die Semester in den Jahrzehnten davor begonnen hatten. Dieser Rhythmus der Semester war ein Teil seines Lebensrhythmus geworden, er verglich seine ruhige Stetigkeit mit dem Ein- und Ausatmen. Rehberg war ein von seinen Studenten geachteter Hochschullehrer, der in seinen Vorlesungen immer frei sprach, den Stoff mit Anekdoten, historischen Vergleichen und unerwarteten Perspektiven würzte und augenscheinlich selbst viel Spaß an der Lehre hatte. Außerdem versuchte er immer wieder, sein Auditorium in ein auf Erkenntnisse gerichtetes Gespräch zu ziehen, verwandelte es beispielsweise in einen Senat des Bundesverfassungsgerichts, der über einen Streitfall am Maßstab des Grundgesetzes zu entscheiden hatte.

Er war auch als Prüfer sehr begehrt, nicht nur wegen seiner humanen Maßstäbe, sondern weil er jede Prüfung als ein Gespräch zwischen Gleichgestellten führte, dabei oftmals auch für ihn offene Fragen behandelte und niemals in simples Abfragen von angesammeltem Wissen verfiel.

Dennoch war Rehberg mit der Vorbereitung seiner Vorlesungen nie zufrieden. Je mehr er den Stoff, den er zu vermitteln hatte, gedanklich durchpflügte, desto mehr wurden ihm die Lücken seines Wissens bewusst. Manchmal schalt er sich verantwortungslos, so schlecht vorbereitet in seine Vorlesungen zu gehen, und war doch immer wieder aufs Neue erstaunt, wie sehr seine Zuhörerinnen und Zuhörer an seinen Lippen hingen und voller Eifer mitschrieben.

Mit seinen Kolleginnen und Kollegen kam er sehr gut zurecht, *the art to intrigue* war bei ihm völlig unterentwickelt (er hätte das als Zeitverschwendung angesehen), Machthunger war ihm genauso fremd wie das Verlangen nach Anerkennung. Jede Art von Gremiensitzungen war ihm dabei ein Gräuel – mit einem Wort: Er war ein völlig atypischer Hochschullehrer.

So lebte er ein friedliches Leben – und er wusste es.

An einem Freitag – inzwischen hatten sich die ersten Vorboten des norddeutschen Winters mit Kälteeinbrüchen und sogar vereinzeltem Treiben von Schneeflocken gemeldet – stand Rehberg am Fenster seines Wohnzimmers, das zu St. Martini hinausging, und blickte mit oberflächlichem Interesse auf die Passanten, die mit ihren hochgeschlagenen Mantelkragen oder aufgesetzten Kapuzen vorübergingen. Da erkannte er plötzlich die alte Frau wieder, in demselben grauen Wettermantel, den sie auch im Sommer getragen hatte, mit der gleichen, leicht vorgebeugten Haltung und wieder mit einer fast leeren Plastiktüte in der Hand. Nun hielt es ihn nicht mehr, er griff sein Schlüsselbund, warf sich seinen Mantel über und rannte die Treppen hinunter. In großer Sorge, sie nicht mehr zu erreichen, riss er die Haustür auf – und prallte fast gegen Bronsys Rücken, der gerade damit beschäftigt war, mit ausladenden Gesten auf eine andere Person weiblichen Geschlechts einzureden. Bronsy drehte sich um und sagte zu dieser, indem er auf Rehberg wies: »Aber da ist er ja selbst!«

Rehberg, doppelt gereizt durch die selbstverordnete Eile sowie das Bronsy-Hindernis, gönnte sich nicht die Zeit, einen Blick auf dessen Gesprächspartnerin zu werfen, und wollte mit einer Entschuldigung davoneilen, als Bronsy sich für seine Blockade des Ausgangs mit der Erklärung entschuldigte, diese junge Dame habe ihn gerade gefragt, ob er – Rehberg – hier wohne, denn der Tölpel von einem Elektriker hätte bei der Reparatur der Rufanlage die Namensschilder der Bewohner entfernt und vergessen – typisch! – diese wieder anzubringen.

Jetzt schaltete Rehberg sein Sehzentrum ein und erkannte *sie*. Dann nahm er auch den Hund wahr, der dicht neben ihr stand und ihn nun mit leicht gesträubten Nackenhaaren argwöhnisch anknurrte.

»Nun können Sie selbst mit dem Herrn Professor reden«, teilte Bronsy das ohnehin Offensichtliche mit und klärte Rehberg darüber auf, dass „die junge Dame" so zurückhaltend sei, dass sie schon wieder habe gehen wollen – »und das bei diesem Wetter!«, wie er noch hinzufügte.

Rehberg schaute seine Besucherin an, reichte ihr die Hand und gab seiner Freude Ausdruck, dass sie ihr Versprechen wahr gemacht habe. Dann lud er sie „auf eine Tasse Tee" in seine Wohnung ein, wobei er nicht vergaß, sich bei Bronsy für seine Hilfsdienste zu bedanken. Seine Besucherin bedankte sich ebenfalls bei Bronsy und folgte, in dem kalten

Wetter jetzt leicht zitternd, mit einem »Komm, Naxi!« Rehbergs Einladung.

Der fragte höflich, ob er vorgehen dürfe, und wunderte sich wieder einmal über sich selbst: Jetzt spürte er in sich keine Unsicherheit, keine Zweifel mehr – er hatte sich in einen freundlich-bestimmten Gastgeber verwandelt.

Als sie hinter ihm in den großen Flur trat, gab sie einen undeutlichen Grunzlaut von sich, dessen Bedeutung Rehberg zwischen »Sieh mal einer an!« und »Ganz so vornehm hatte ich mir das nicht vorgestellt!« interpretierte. Er hängte ihre durchnässte Jacke zum Trocknen in die Garderobe und ging dann in die Küche, um Anaximander, der keinen Zentimeter von ihrer Seite gewichen war, eine Schüssel mit Wasser hinzustellen. Sie dankte ihm und klärte ihn auf: »Am Anfang fremdelt er immer ein bisschen, das gibt sich später«.

Rehberg setzte Teewasser auf, präparierte einen Beutel mit einer Mischung verschiedener Teesorten und gab etwas Honig in ein Porzellankännchen. Sie war ihm in die Küche gefolgt und kommentierte nun seine Bemühungen mit einem anerkennenden »Echte Teekultur! Wo findet man das schon in unserem Land?«

»Danke, danke! Ich freue mich über Ihr Kommen.« Dann zeigte er ihr das geräumige Gästebad. Sie blickte sich in dem bis zur Decke marmorgefliesten Raum um und bemerkte: »Da haben Sie aber wirklich ein schönes Bad!«

»Das ist nur das Gästebad. Das eigentliche Bad zeige ich Ihnen nach unserem Tee – wenn Sie möchten.«

Während sie sich im Bad frisch machte (ihr Hund hatte die Schale mit Wasser ignoriert und war immer noch dicht an ihrer Seite), goss er den Tee auf, brachte zwei Tassen in das Wohnzimmer und zündete dann den Kamin an.

Als sie aus dem Bad kam, winkte er sie an das Fenster und deutete auf St. Martini: »Meine Kirche!«

»Das hat was! Aus dieser Perspektive habe ich noch keine Kirche gesehen, das ist ja Wahnsinn!«

»Ja«, entgegnete er und gestand ihr, wie er durch den Anblick des hoch aufragenden Westwerks immer wieder inspiriert würde und dann auch wieder Vertrauen in die Möglichkeit großer Gedanken fasse könne.

»Eine schöne Idee! Große Gedanken – im Klein-Klein unserer Alltäglichkeiten längst abhanden gekommen.« Dann wechselte sie das Thema: »Was für einen tollen Kamin Sie haben, den haben Sie doch wohl nicht extra meinetwegen angezündet!«

»Das mache ich jeden Tag um diese Zeit«, sagte er, »bitte nehmen Sie irgendwo Platz, ich hole uns den Tee.«

Als er mit dem Tablett zurückkam, war sie durch die offenstehenden hohen Flügeltüren in sein Arbeitszimmer gegangen und inspizierte die endlosen Bücherregale.

»Geistiges Fressen für Jahre!«, befand sie, und er stimmte ihr lachend zu.

Sie setzte sich auf die Couch, er sich auf einen der Sessel gegenüber und füllte die beiden Teetassen, die auf dem niedrigen Glastisch zwischen ihnen beiden standen.

»Was mögen Sie dazu, Sahne, weißen oder braunen Kandis – oder vielleicht etwas Rum?«

Sie dankte mit der Bemerkung, man dürfe doch einen so kultiviert zubereiteten Tee nicht kontaminieren, nahm Untertasse und Tasse vorsichtig zu sich und trank konzentriert einen kleinen ersten Schluck.

Damit hatte er die Gelegenheit, sie zum ersten Mal bewusst zu betrachten. Im Grunde sah sie jetzt genauso aus, wie er sie vor dem Schaufenster des Warenhauses kennengelernt hatte, vielleicht ein wenig blasser. Das Decken- und Tuchgewusel fehlte aber sie trug nun einen dicken Pullover, die offensichtlich unvermeidlichen Jeans und feste, hoch geschnürte Schuhe. Ihre fast schwarzen Haare fielen bis auf die Schultern. Ihr ernstes Madonnengesicht schien ihm noch ebenmäßiger als damals.

Geduldig ließ sie sich von ihm mustern, blickte ihn dann ruhig an und sagte: »Sie wissen, dass Sie in einem Paradies leben?«

»Ja«, antwortete er einfach.

»Sie wissen, dass das mit Paradiesen eine problematische Sache ist?«

»Lassen Sie hören!«

»Nun ja, ein ewiges Paradies würde die Menschen nur korrumpieren und letztlich ihre Menschlichkeit auslöschen!«

»Hm!?« –

»Ja, stellen Sie sich doch mal vor: keine Herausforderungen mehr, keine Anfeindungen, keine Probleme, die gelöst werden müssen, immer ein Bewusstsein von schwingender Erfüllung – wie man eben so seine Vorstellung vom Paradies hat – das ist doch im Grunde grässlich! Die Menschen würden geistig wegdämmern, weil es keine Herausforderungen mehr gäbe – und schließlich moralisch zugrunde gehen.«

»Dieser Gedanke hat etwas für sich, ich muss gestehen, dass ich darüber noch nicht nachgedacht habe. Für mich war das Paradies nie ein Ort, der irgendwie bedeutsam für mich war – und, weil ein solcher Ort nun einmal irreal ist, auch niemals erstrebenswert.« – »Immerhin«, setzte er nach einer Pause hinzu, »locken die meisten Religionen ja mit einem Paradies und drohen mit einer Hölle – die aber immer im Jenseits liegt! Tatsächlich haben die Menschen aber im Diesseits schon die wahnsinnigsten Arten von Höllen geschaffen – warum sollte man nicht auch mal paradiesische Zustände im Diesseits anstreben?«

Da knurrte ihr Magen so vernehmlich, dass auch Anaximander kurz den Kopf hob. Rehberg entschuldigte sich für seine schlechte Gastfreundschaft und kündigte eine Pizza an, zu der er in der Küche auch noch die Zutaten für einen Salat fand. Sein Gast trug Teller und Besteck ins Wohnzimmer (wobei der Hund jedes Mal geduldig neben ihr herlief) und erkundete dabei den Nebenraum der Küche mit der offenbar nagelneuen Waschmaschine.

»Wollen Sie etwas waschen?«, fragte Rehberg und dachte an ihre prall gefüllte Rucksacktasche, die sie hinter der Wohnungstür abgestellt hatte.

»Das wäre ja eine Wucht!«, freute sie sich über sein Angebot, das er umgehend erweiterte. »Direkt gegenüber der Gästetoilette liegt das Gästezimmer, es gehört Ihnen.«

Er zeigte ihr das Gästezimmer, dessen Fenster zum Parkhof des Hauses zeigte. Hinter der Tür stand ein italienisches Bett, dessen Kopf- und Fußende aus Messing gefertigt waren, vor dem Fenster befand sich ein alter hölzerner Schreibtisch, dessen Schreibfläche mit rotem Leder bezogen war, daneben, als hätte damit ein Kontrast zum übrigen Stil der Einrichtung gesetzt werden sollen, eines dieser typischen Bücherregale von IKEA, das die Restbestände an Büchern beherbergte, für die Rehberg in seinem Arbeitszimmer thematisch keinen Platz gefunden hatte.

»Darf ich mal fragen, warum Sie Ihrem Hund diesen klassisch-griechischen Namen gegeben haben?«, fragte er bei der Inspektion des Gästezimmers.

»Wenn ich ehrlich sein soll«, erwiderte sie, »ich fand den Namen einfach so vokalreich und ... präzise. Und auf jeden

Fall ist es ein Name, mit dem nicht jeder Hund gerufen wird. Von dem griechischen Anaximander weiß ich nichts.«

»Moment«, sagte er, »das haben wir gleich, befragen wir doch mal Herrn Brockhaus!« Er holte den Band A-Beo seines Lexikons, fand den gesuchten Eintrag zwischen „Anatomie“ und „Anbaubeschränkung“ und las ihr vor:

»*Das Prinzip des Seienden ist ihm das Grenzenlose (apeiron), ein qualitativ unbestimmtes und quantitativ unendliches Element, aus dem die Gegensätze, das Helle und Dunkle, das Warme und Kalte usw., sich ausscheiden* – Sie haben einen philosophischen Hund, Verehrteste!« Damit klappte er den Band wieder zu.

»Danke, interessant.«

»Man sagt ja, dass die Besitzer im Laufe der Zeit, besonders im Gesichtsausdruck, Ihren Hunden immer ähnlicher werden« – und beeilte sich zu sagen: »Das befürchte ich bei Ihnen natürlich nicht! – aber, wenn ich Sie das fragen darf: Hat der Name Ihres Hundes eine Bedeutung für Sie, ich meine entsprechend dem, was ich gerade zitiert habe?«

»Vielleicht!«

Sie hatte inzwischen damit begonnen, im Gästezimmer ihren Rucksack zu leeren, und auf dem italienischen Bett ihre Wäsche zu kleinen Häufchen sortiert. Rehberg schien diese Rucksacktasche eine Art unversiegbarer Quelle zu sein, denn sie zog immer neue, ineinander verknüllte Teile daraus hervor, trennte sie voneinander und ordnete jedes einzelne Stück sorgfältig einem der Häuflein zu. Und je mehr sie häufte, desto glücklicher wurde Rehberg, denn das Waschen würde ein Tagesprogramm werden, sie würde mindestens bis zum Abend bleiben müssen. Vielleicht auch länger.

»Ich lege Ihrem philosophischen Vierbeiner eine Decke

in das Gästezimmer neben das Bett, dann weiß er, wo er hingehört!«

Sie bedankte sich artig und trug ein erstes Häuflein grauweißer Unterwäsche zur Waschmaschine. Als sie zurück ins Wohnzimmer kam, fragte sie ihn, ob sie sein Angebot von vorhin annehmen dürfe. Sie fühle sich durchgefroren und plötzlich auch sehr müde.

Rehberg ließ das Faltrollo im Gästezimmer herunter. Sie strich zärtlich über die frische Bettwäsche und bemerkte fast ehrfürchtig: »Ein richtiges Bett!«

»Solange Sie wollen«, erwiderte er, wonach sie ohne zu zögern begann, begleitet von einem herzhaften Gähnen, Hemd und T-Shirt über ihren Kopf zu streifen. Rehberg floh aus dem Zimmer und kündigte den Einkauf von „etwas Anständigem“ für den Abend an, sie solle sich ruhig ausschlafen. Anaximander hatte ebenfalls seinen Platz akzeptiert und sich neben dem Bett auf der Decke zusammengerollt.

Rehberg streifte wie benommen durch die Stadt. Träumte er, oder war es Wirklichkeit? Da, bei ihm zuhause, lag, gut behütet in der Wärme seines Gästebetts, dieses Mädchen, an das er über Monate gedacht hatte, das seine Hoffnungen genährt und seine Phantasien besetzt hatte.

War es doch wahr, dass man sich etwas nur fest genug wünschen musste, damit es in Erfüllung geht? Gab es ein Eingreifen guter Mächte? Er wollte ihren Namen flüstern, da wurde ihm bewusst, dass er den noch gar nicht kannte.

Jetzt reiß’ dich zusammen, erledige erst mal deine Einkäufe! – Was willst du ihr denn heute Abend bieten? – Wie viele Gänge sollen es werden? – Du darfst sie auf keinen Fall mit Zuwendung überschütten! Lass alles normal erscheinen, halt den Ball flach, das ist das Beste!

Rehberg hatte eine knappe Stunde in der Stadt verbracht,

bis er mit vier Einkaufstüten seine 63 Stufen erklomm und leise die Tür zu seiner Wohnung öffnete. Die Tür zum Gästezimmer war geschlossen, worauf er auf Zehenspitzen in die Küche schlich, um seine Einkäufe im Kühlschrank zu verstauen.

Er hörte, wie die Waschmaschine in den Schleudergang wechselte. Sollte er die Maschine leeren und ihre Wäsche aufhängen? Oder wäre das zu intim?

Wenn sie nicht ausgerechnet als Erstes ihre Unterwäsche in die Maschine gesteckt hätte! Schließlich fasste er sich ein Herz. Sorgfältig hängte er dann Stück für Stück auf den Wäscheständer, wobei er sich bemühte, nicht an die Weiblichkeit ihres Körpers zu denken, was ihm aber nicht gelang.

Gegen Abend wurde die Tür des Gästezimmers mit einem »Oh, Oh!« geöffnet, sie ging in die Küche (wobei sie, wie Rehberg feststellen musste, wieder Hemd und T-Shirt anhatte, darunter aber nur einen weißen Baumwollslip trug), holte sich aus einem der Oberschränke ein Glas und füllte es mit Leitungswasser. Dann entdeckte sie ihre Unterwäsche auf dem Trockengestell und sagte wieder »Oh, Oh!«. Inzwischen war Rehberg in die Küche gekommen und fragte, ob er alles richtig gemacht habe. Sie bedankte sich bei ihm mit einem »Nie so perfekt gesehen!«, worauf er sich erleichtert den Vorbereitungen für das Abendessen zuwandte und dabei versuchte, nicht immer wieder auf ihre kräftigen Beine zu gucken.

Sie fragte, ob sie den Rest ihrer Wäsche auch noch waschen dürfe. Natürlich, antwortete er, ich bereite inzwischen das Essen vor. Nehmen Sie den Bademantel aus dem Bad, wenn es Ihnen hier zu kühl ist! Während er dem Rauschen der Dusche lauschte, briet er zwei Lammfilets, legte im Kamin noch zwei Scheite Holz nach, deckte sorgfältig den Tisch und zündete eine Kerze an. Er war dabei, eine Flasche Wein zu öffnen, als sie in seinem schwarzen Bademantel in das Wohnzimmer trat. Ihre krausen schwarzen Haare glänzten noch etwas feucht von der Dusche. Wie herrlich wuschelig und unperfekt meine Madonna jetzt aussieht, sagte er zu sich – und zu ihr, dass er sich über ihren langen Schlaf gefreut habe, der habe ihr doch offenbar gut getan?

Ihre Frage, ob sie im Bademantel essen dürfe, bejahte er – sie seien ja schließlich allein. Sie hockte sich mit seitlich untergeschlagenen Beinen auf ihren Stuhl und begrüßte die duftenden Lammfilets mit einem freudigen Schnuppern und ließ sich von ihm ein Glas Wasser einschenken, den Wein lehnte sie dankend ab – Alkoholisches möge sie nicht.

Beim Anstoßen erinnerte er sich, dass er noch immer nicht ihren Namen kannte. Sie sagte ihm, dass sie Johanna heiße, und anschließend, dass sie lange nicht mehr so etwas Gutes gegessen habe, und dass das bürgerliche Leben doch seine guten Seiten hätte.

»Und was ist so Gutes an einem nicht-bürgerlichen Leben?«, fragte er zurück. »Ich meine, ich habe – oder vielleicht sollte ich jetzt doch besser sagen: hätte – meine Probleme mit einer Existenz auf der Straße.«

»Was stört Sie daran? Die Leute (sie sagte nicht „Wir", wie er registrierte) tun doch niemandem etwas!«

»Ich habe immer die Vorstellung gehabt, dass junge Menschen, die da so unproduktiv herumhocken, einfach Lebenszeit verschwenden.« Bei seinen Worten wurde ihm klar, dass er über diesen Standpunkt des Henrich Rehberg schon in der Vergangenheitsform sprach.

»Dieses „unproduktive Herumhocken" stabilisiert die Gesellschaft!«

»Aha – wie denn das?« (Obwohl er jeden sarkastischen

Unterton vermeiden wollte, hatte seine Frage einen Hauch des Überheblichen, was er sofort bedauerte.)

Sie schien damit jedoch keine Probleme zu haben, denn sie antwortete ihm ruhig:

»Denken Sie einmal darüber nach: Alle, die „produktiv" tätig sind, vernichten Material, Lebenszeit, Aufmerksamkeit, Kraft – was auch immer. Unser System schießt mit unglaublicher Geschwindigkeit auf einen Abgrund zu – unsere Umwelt kann den weltweit ansteigenden Verbrauch von Ressourcen, „die Vernutzung des Seienden" (um Heidegger zu zitieren), nicht mehr verkraften. Viele wichtige Rohstoffe gehen allmählich zur Neige, die Meere werden leer gefischt, unsere Atmosphäre wird verpestet, während die Verursacher versuchen, ihrem Sinnvakuum mit kindischen Kompensationen zu entfliehen.«

»Und Sie meinen, dass sich das durch .... also durch diese Art der Inaktivität ausgleichen oder verhindern lässt?« Beinahe wäre ihm ein „Ihre Art" herausgerutscht!

»Jede Gesellschaft wird durch Armut stabilisiert. Nur die Armen stehen auf dem Boden der Wirklichkeit, die Reichen heben ab, notwendigerweise, und sie beschleunigen durch ihren unmäßigen Konsum den Raubbau an unseren Ressourcen.«

»Dann ist es also falsch, weltweit gegen die Armut zu kämpfen?«

»Nicht gegen eine lebensbedrohende Armut. Aber es ist eine Illusion, dass man Wohlstand für alle versprechen könne. Wir erleben ja gerade, wie der Sozialstaat sich langsam auflöst, weil der Level der Ansprüche einfach nicht mehr zu finanzieren ist.«

»Dann muss die Politik sich darauf einstellen!«

»Die Politik erweist sich doch zunehmend als unfähig, die

real existierenden Probleme zu lösen, und das mindestens aus zwei Gründen: Erstens kann sie die Probleme – aus den verschiedensten Gründen – überhaupt nicht mehr wahrnehmen, und zweitens kann sie die Probleme nicht mehr lösen, weil die Fixierung der Politiker auf ihre Klientel und auf die Stabilisierung der eigenen Positionen – Ämter, Mandate, Posten in Aufsichtsräten – den absoluten Vorrang vor der Behandlung der Sachprobleme bekommen hat.«

Sie hatte bei den letzten Sätzen mit zunehmender Aufmerksamkeit aus dem Fenster geschaut. Nun folgte er ihren Blicken und konnte erkennen, dass im Haus gegenüber, in einem hell erleuchteten Zimmer, eine Frau inbrünstig auf einem Heimtrainer strampelte. Sie trug lediglich einen Büstenhalter und eine knappe Sporthose, und es schien ihr völlig gleichgültig zu sein, wer ihr dabei zuschauen konnte. Johanna stand halb auf, um diese Szene besser in sich aufnehmen zu können. Dabei blieb die rechte Seite ihres Bademantels an der Lehne ihres Stuhls hängen, der Bademantel glitt von ihren Schenkeln, und wie durch einen sich öffnenden Bühnenvorhang wurde Rehberg der Blick freigegeben auf eine schwarz flammende Sphinxarchitektur, die sich ihm fordernd entgegenzuwölben schien.

Sie streckte sich noch weiter in Richtung Fenster und machte keine Anstalten, sich wieder zu verhüllen. *Wollte* sie sich ihm zeigen? Aber dafür waren ihre Gesten zu ruhig und sichtlich auf den Anblick da in diesem anderen Haus gegenüber konzentriert.

Rehberg versuchte, die ihm von seiner Besucherin dargebotene, perfekt verworfene Frauenlandschaft in sich aufzunehmen, so dass er dieses Bild von radikaler Einmaligkeit lebenslang speichern konnte, da gab sie ein befriedigtes »Na also!« von sich, wandte sich vom Fenster ab und schloss dabei ruhig ihren Bademantel, indem sie dessen Seiten wieder zusammenzog. Dann nahm sie wieder ihre hockende Position auf dem Stuhl ein.

Rehberg, jetzt nicht mehr abgelenkt, blickte wieder nach der Hometrainerin gegenüber. Die hatte inzwischen ihren Büstenhalter ausgezogen und an die Lenkstange ihres Trimmgerätes gehängt, dabei kräftig weiter strampelnd, als müsse sie heute noch ein imaginäres Kalorien-Ziel erreichen. Ihre im Rhythmus ihres Strampelns auf- und abwogenden Brüste konnte Rehberg aus seiner halb rückwärtigen Beobachtungsposition allerdings mehr ahnen als sehen.

»Pardon!«, sagte Johanna nun zu ihm. »Das ist für mich sehr interessant. Meine Mutter hat sich immer aufgeregt, wenn ich oben ohne oder ganz nackt auf unserem Heimtrainer saß – das gehöre sich nicht, niemand sonst würde das so machen. Und jetzt haben wir beide gesehen, dass andere Frauen es auch so machen – Sie sind mein Zeuge!« Sie lachte ihn an und nahm einen Schluck Wasser.

»Jederzeit bereit zum Schwur!« Er hob seine rechte Hand mit ausgestrecktem Zeige- und Mittelfinger.

»Danke! – Was ich übrigens noch sagen wollte, als wir eben unterbrochen wurden: Wissen Sie, was mir bei meiner „unproduktiven Hockerei“ vor dem Warenhaus noch aufgefallen ist? Und das sagt vielleicht mehr über unsere Gesellschaft aus als alle soziologischen Analysen zusammen. Ich habe ja Zeit genug gehabt, mir die Menschen anzuschauen, die an mir vorbeigehastet sind, vor allem ihre Gesichter, und wissen Sie was – ich habe in den ganzen Monaten kein einziges Gesicht gesehen, das nicht verspannt gewesen wäre! Alle scheinen auf irgendetwas hin gespannt zu sein, und ihre Gesichter versteinern in dieser Spannung. Wie gern hätte ich mal ein freies, lachendes Gesicht gesehen! War aber nicht zu finden!«

Rehberg dachte an das Treffen mit seiner Masseuse und gab Johanna Recht: »Ich habe neulich den Bericht eines amerikanischen Journalisten gelesen, der Deutschland bereist hat. Der meinte, die Deutschen seien „von grimmiger Fadheit benebelt". Manchmal beschleicht mich der Gedanke, dass unsere derzeitige Krise, dieses deutsche Krisensyndrom, im Angelsächsischen auch *German Angst* genannt, im tiefsten Grunde die Folge einer Kulturlosigkeit ist – ich meine damit fehlender Kultur im Alltag und in unserem Umgang miteinander – denn Museen, Theater und Orchester haben wir ja jede Menge!«

Da sie ihm durch ein kurzes Nicken offenbar Recht gab, fuhr er fort: »Ich will nicht in gelehrtes – oder pseudogelehrtes – Historisieren verfallen, aber ich finde es im wahren Sinne des Wortes bemerkenswert, dass am Beginn dieses fürchterlichen 20. Jahrhunderts sich das ehemals führende Kulturland Deutschland in archaischer Weise aus der Gemeinschaft zivilisierter Länder verabschiedet hat. Und lange, bevor dies geschah, hatte Walther Rathenau das Problem der Ungleichartigkeit – oder sollte ich sagen: Ungleichwertigkeit – der politisch wirksamen Bewusstseinslagen in Deutschland einerseits und in den westlichen Demokratien andererseits auf einen zentralen Unterschied zurückgeführt: den Deutschen fehle die innere Freiheit! Deshalb hat man sie entweder auf den Knien oder an der Kehle, wie Churchill mit seinem sicheren Sarkasmus festgestellt hat.«

Von da trug sie der Austausch ihrer Gedanken bis weit nach Mitternacht. Rehberg musste sich eingestehen, dass er lange nicht mehr, vielleicht noch nie, mit einem Menschen ein so intensives Gespräch geführt hatte – ein Gespräch, in dem beide die Gedanken des anderen aufnahmen, sie dann weiterführten und so ein Gewebe gemeinsam gewonnener

Einsichten entstand. Als er schließlich in seinem Bett lag, wurde ihm bewusst, dass ihre Gemeinsamkeit weit über eine vernunftmäßige Übereinstimmung hinausgegangen war. Und dann dachte er noch, dass es doch noch wirkliche Wunder gäbe, da sie hier in seiner Wohnung mit ihrem Anaximander schlief – und dann schlief er selber fest ein.

Am nächsten Morgen bereitete er in der Küche das Frühstück vor. Er war fast damit fertig, als er nicht ohne Herzklopfen hörte, wie Johanna die Dusche abstellte. Sie trat, wie er es erwartet hatte, nackt in den Flur, rubbelte mit einem Handtuch die Flut ihrer Haare trocken, wobei sie, während sie sich Rehberg zuwandte, durch ihre erhobenen Arme den Blick auf ihre Achselhöhlen freigab, fügte ihrer Unterhaltung vom Vorabend noch eine Ergänzung an, wobei sie fortfuhr, ihre Haare trockenzureiben, und streichelte kurz, während sie in ihr Zimmer ging, Anaximander.

Rehberg, einerseits verwirrt von ihrem Auftritt, andererseits erfüllt von dem, was ihm zu sehen vergönnt war, ließ dieses letzte Bild in sich nachklingen. Er fragte sich, warum er sich so von ihr faszinieren ließ, und kam zu einer überraschenden Antwort: Johanna war von allem, was sie darstellte, auch das Gegenteil: Sie war nicht wirklich groß, wirkte aber groß, sie hatte diese sphinxhaften Rundungen, war aber doch schlank, sie hatte eine sehr weibliche Ausstrahlung, zeigte dabei aber doch Haltung und Disziplin, die fast männlich schienen; sie zelebrierte Nacktheit, war aber dabei unaufdringlich und stilvoll, sie verfügte über eine beachtliche Bildung und hockte doch bettelnd auf den Straßen der Stadt, sie hatte ohne Zweifel einen entwickelten Geschmack (was sich vor allem an ihrer Unterwäsche zeigte) und trug doch diese schlabbernden Wallegewänder.

Anaximander, schoss es ihm durch den Kopf, *das Grenzenlose, aus dem die Gegensätze sich ausscheiden*: Er hatte es ja gewusst, dass der Name ihres Hundes eine tiefere Bedeutung hat! Aber das würde er ihr erst später sagen, denn er war sich bewusst, dass er dazu noch kein Recht hatte, dass er erst von ihrem Geheimnis erfahren musste, ein Geheimnis, das sie sorgsam zu verbergen suchte und das es hinter der Belanglosigkeit ihrer Straßengewänder zu entdecken galt.

Rehberg hatte jedoch nicht erwartet, dass dies so schnell geschehen würde. Nachdem Johanna sich von ihm verabschiedet hatte, ohne ihm Nachnamen oder Adresse zu verraten, war noch keine Woche vergangen, als er durch die Klingel in seinem Flur an die Wechselsprechanlage gerufen wurde. An der Haustür meldete sich eine Frau von Stein, die sich als Mutter der Johanna von Stein vorstellte und ihn fragte, ob er etwas Zeit für sie erübrigen könne.

Rehberg betätigte den Knopf zum Öffnen der Tür und konnte sich gerade noch daran hindern, seiner Besucherin wie ein aufgeregter Jüngling entgegenzuspringen. Auf der Treppe kam ihm eine dunkelblonde, schlanke Frau entgegen, mit hellen, klaren Augen und einem leichten Lächeln im Gesicht. Als sie die Höhe seiner Wohnung erreicht hatte, konnte er wahrnehmen, dass sie einen eleganten Pelzmantel und hochhackige Wildlederstiefel trug. Sie reichte ihm die Hand und bedankte sich für seine Bereitschaft, mit ihr zu sprechen. Als sie in die Großzügigkeit seiner Wohnung trat, bemerkte sie trocken, dass Johanna wohl doch nicht übertrieben habe.

Rehberg nahm ihr den Mantel ab und führte sie ins Wohnzimmer. Jetzt dröhnten die Glocken von St. Martini –, er öffnete ein Fenster und ließ für sie das dröhnende

Getöse in das Zimmer fluten. Während er in der Küche Tee aufgoss, blieb sie am geöffneten Fenster stehen. Als der letzte Glockenton verklungen war, fragte sie ihn, wie er denn an diese Wohnung gekommen sei – sie hätte nicht gedacht, dass es in Braunschweig überhaupt so etwas gäbe. Ganz einfach, antwortete er, durch eine Anzeige in der Zeitung, ganz normal, dann sei er aber einen Tag vor dem offiziellen Besichtigungstermin hier gewesen und habe sich sofort entschieden.

»Ach, so macht man das!«, sagte sie anerkennend und nahm einen Schluck Tee. Sie saß genau dort auf seiner Couch, wo ihre Tochter gesessen hatte, hatte dabei jedoch im Gegensatz zu dieser ihre Beine sorgfältig in eine seitliche Parallelstellung gebracht.

Mutter und Tochter sind doch sehr verschieden, dachte er. Die Mutter erschien ihm eindeutiger, zu einer größeren Klarheit gereift, mit der sie offenbar bestimmt hatte, welche Position sie im Leben einnehmen wollte.

»Darf man an Ihren Gedanken teilhaben?«, fragte sie.

Rehberg entschuldigte sich und teilte ihr mit einer Ehrlichkeit, die ihn selbst überraschte, mit, was er gerade gedacht hatte, relativierte seine Aussage jedoch sofort – als sicher irrtumbehaftet und vorläufig. Er habe sowieso nicht den falschen Ehrgeiz, von jemandem ein festes Bild zu gewinnen, und schon gar nicht so früh, wo man sich kaum kenne.

»Ich finde das gar nicht so falsch, was Sie da gedacht haben. Vielleicht für mich etwas zu schmeichelhaft, aber wem gefällt es nicht, wenn ihm geschmeichelt wird? – Wenn Sie so ehrlich sind, will ich Ihnen auch ganz ehrlich sagen, warum ich gekommen bin.«

Rehberg schaute sie lächelnd, aber mit einer gewissen Spannung an.

»Es sind zwei Gründe: Einmal war es schlicht weibliche Neugier – aber dann hielt ich auch es für richtig, Sie über etwas zu informieren, das für Sie wichtig ist oder wichtig werden könnte – sagen wir mal: was Sie vor Schaden bewahren könnte.«

Rehberg schaute sie an und sagte nichts. Sie schlug die Beine übereinander und verschränkte ihre Hände, als ob sie unter einer besonderen Spannung stände. »Johanna hat mich neugierig gemacht. Ich habe sie noch nie über einen Menschen so reden hören wie über Sie. – Diese superkritische Johanna, der es niemand Recht machen kann, die diese Gesellschaft im Untergang sieht, für die jeder Arrivierte schon *per se* das Stigma der Verfälschung trägt, diese Johanna kommt zu mir, und kommt aus dem einzigen Grund zu mir, um mir von ihrer Begegnung mit Ihnen zu erzählen.«

Frau von Stein machte eine kurze Pause und fuhr dann fort:

»Niemals – vielleicht abgesehen von ihrem Vater, aber der ist nun nicht mehr – hätte jemand Johanna so geduldig und genau – „präzise" hat sie wörtlich gesagt (und das ist bei ihr ein ganz positiv besetztes Wort!) – niemand also hätte ihr jemals so präzise zugehört wie Sie und – das muss sie am meisten beeindruckt haben – Sie hätten keinerlei persönliche Fragen gestellt. Sie hätte sich nicht „ausziehen" müssen – das ist ja auch nicht nötig, das macht sie ja von ganz allein (sie lachte etwas angespannt). Jedenfalls hätten die Gespräche mit Ihnen ihr „richtig neue Erkenntnisse" gebracht, obendrein hätten Sie noch ihre Wäsche gewaschen, diese ganz sorgfältig aufgehängt, sie dann auch noch bekocht und dabei sogar an ihren Hund gedacht. Da habe ich mir gesagt: Dieses Wundertierchen von Mann musst du kennen lernen.«

Jetzt musste Rehberg doch lachen: »Endlich mal ein ungeschönter, objektiver Bericht über mich!«

»Eben!«, stimmte sie ihm beiläufig zu. »Nun aber zum zweiten Grund meines Besuches. – Ich weiß gar nicht recht, wie ich anfangen soll. – Ich fühle mich dabei auch gar nicht so wohl, es ist mir ein bisschen peinlich, darüber zu sprechen. Es mag sein, dass ich als ihre Mutter dabei leicht in ein schiefes Licht gerate – aber es muss wohl sein, auch Ihretwegen.« Dabei wies sie auf Rehberg.

Es geht um etwas ganz Eigenartiges, eine ganz besondere Eigenschaft von Johanna, die im ersten Moment, oberflächlich betrachtet, eher liebenswert scheint, aber schon das schlimmste Unheil angerichtet hat – und weiter Unheil anrichten könnte.«

Rehberg lehnte sich zurück und wechselte die Stellung seiner Beine, sagte aber weiter nichts.

Sie hatte nun offenbar mit den Tränen zu kämpfen. »Das habe ich kommen sehen, wollte aber gerade das vermeiden – bitte entschuldigen Sie!«

»Da gibt es doch nichts zu entschuldigen! Lassen Sie sich Zeit, es muss ja auch nicht jetzt sein, wenn es Ihnen so schwerfällt.«

»Danke, ist jetzt schon vorbei. – Also ...«, sie atmete noch einmal tief durch, »Johanna hatte schon als Baby ein unbändiges Bedürfnis, nackt zu sein. Ja, ja, so etwas haben Sie sicher noch nie gehört! Ich konnte ihr anziehen, was ich wollte, sie arbeitete sich sofort da raus. Ich zog sie zum Schlafen an, und wenn ich dann in der Nacht in ihr Bettchen schaute, lag sie wieder nackt da und schlief glücklich. Wir – mein Mann und ich – haben das anfangs akzeptiert, wir haben auch versucht, darüber zu lachen. Mein Mann sagte einmal im Scherz: Da sparen wir doch Geld für Kleider! Wir nannten sie schließlich unser Baby Paradise. Das Ganze war auch lustig, so lange sie noch klein war, als sie noch nackt im Garten herumtollen konnte.«

Sie machte eine Pause, und Rehberg schenkte ihr Tee nach.

»Problematisch wurde es erst, als Johanna zur Frau wurde, zu einer Frau, an der alle Merkmale des weiblichen Geschlechts besonders ausgeprägt sind. Glauben Sie mir bitte, dass ich ihr das wirklich gönne, da ist nicht der Neid einer Mutter im Spiel. Aber es war nicht nur diese magische Anziehungskraft, die von ihrem Körper ausging, es war vielmehr die Art, wie sie ihren Körper präsentierte – in völliger Unschuld!

Niemals hat Johanna in irgendeiner Weise mit ihrer Weiblichkeit kokettiert, und obwohl ich manchmal den Eindruck hatte, dass alle Jungs, die sie kannten, quasi mit hechelnder Zunge um unser Haus streiften, konnte keiner – um es einmal so banal auszudrücken – bei ihr landen. Ich glaube sogar, dass Johanna bis heute noch mit keinem Mann zusammen war – trotz der Kommune, in der sie jetzt in dieser Fabrik lebt.«

»Wo wohnt sie denn jetzt?«, fragte Rehberg dazwischen, denn diese Frage hatte er sich schon lange gestellt.

»Ach, hat sie nichts davon erzählt? Sie lebt mit sechs oder acht jungen Leuten hier in Braunschweig in einer Fahrradfabrik, die schon seit Jahrzehnten leer steht. Einmal durfte ich da mit hinkommen – das war ganz fürchterlich! Diese Schmierereien an den Wänden, der ganze Schmutz. Und dabei dieses Unausgegorene, das ziellose Herumhängen! Diese infantile Sucht nach Anerkennung, die sich so gern völlig souverän und unabhängig gibt und die dabei doch ohne die Aufmerksamkeit der bürgerlichen Welt, die sie doch so ablehnen, nicht leben kann! Eine falsche Welt!«

Sie verzog kurz den Mund, als hätte sie etwas Saures geschluckt.

»Und dazwischen meine Johanna – und zuhause hat sie doch ihr schönes Zimmer! Ich darf das gar nicht an mich rankommen lassen! Sie hat ihr Abitur gemacht, sie hat Bücher geliebt, sie hat gute Umgangsformen von uns mitbekommen! – Ihr standen doch alle Türen offen! Stattdessen vertut sie ihr Leben auf der Straße mit einem Hund und diesem .... diesem beringten, pubertierenden Hahnenkammträger!«

»Es ist aber ein philosophischer Hund!«

»Ach, gehen Sie mir weg mit dieser Töle aus dem Hundeasyl. Der hat doch auch einen Knacks weg für sein ganzes Hundeleben!«

»Entschuldigung, ich hatte Sie unterbrochen, Sie waren dabei, von Johannas Eigenart zu erzählen.«

»Ja, also: Ich habe ja erzählt, wie ihr Umgang mit ihrer Nacktheit für Männer ... gerade weil sie so unschuldig war ... und auch für manche Frau ... Sie glauben gar nicht, was für Komplimente ich für meine wunderbare Tochter von meinen Freundinnen bekommen habe ... also jedenfalls strahlt sie diese magische Erotik aus ...

Das wurde schließlich vor allem für meinen Mann ein Problem. Mein Mann war Oberstudienrat für Deutsch und Latein, hier an der ... na ja, spielt ja keine Rolle! ... Zwischen Johanna und ihm gab es eine tiefe Wesensverwandtschaft, die beiden teilten viele Interessen. Erst hat mir das nichts ausgemacht, aber dann bekam ich immer mehr das Gefühl, eigentlich nur die Haushaltshilfe für die beiden zu sein. Ich versuchte, damit klarzukommen, keinen Neid und keine Eifersucht aufkommen zu lassen – bis sich dann mein Mann immer mehr von mir abwandte. Er war zwar immer noch aufmerksam und freundlich zu mir, war zuvorkommend – er tat eigentlich alles, was eine Frau sich von ihrem Mann nur wünschen kann –, aber mir wurde mehr und mehr klar, dass dies lediglich der Preis war, den er bereit war, für die Liebe zu seiner Tochter zu zahlen. Schließlich fand zwischen uns nichts mehr statt – im Bett, meine ich – und ich wusste, dass er nicht mehr zu mir kommen konnte, weil dies für ihn den Verrat an seiner ganz großen Liebe bedeutet hätte. Und mein Mann litt immer mehr unter diesem Konflikt.«

Sie musste wieder eine Pause machen, drehte an ihrem Ring, als könnte sie damit das, was sie zu sagen hatte, ordnen und erträglich machen. Dann fuhr sie fort:

»Seine Augen, diese Augen, die werde ich nie vergessen ... dieser Ausdruck völliger Leere und Verlorenheit – bis Johanna in seine Nähe kam. Er brauchte nur ihre Schritte zu hören oder ihre Stimme, dann begannen seine Augen wieder zu leben. Manchmal gab sie ihm ja nicht nur einen Kuss auf die Wange, sondern umarmte ihn richtig – ganz arglos, auch in meiner Gegenwart, sie dachte sich ja nichts dabei. Mein armer Odysseus, dachte ich einmal, die Sirenen rufen dich mit unwiderstehlicher Macht, aber du bist an den Mast deiner Moral gekettet und kannst deine Sehnsucht nicht stillen ...«

Eine neue Pause des Erinnerns und Ordnens, dann: »Das war ja sein eigentliches Problem: seine hohen Moralbegriffe! Ich bin wohl eine der wenigen Ehefrauen, die ganz fest davon überzeugt sein konnte, dass ihr Mann sie nie betrogen hat! Er hätte ja damit sich selbst, sein ganzes Selbstverständnis verraten. Und die Liebe zu seiner Tochter – da gab es ja eine doppelte Sperre, seine Treueverpflichtung zu mir und dann die Sorgepflicht des Vaters für seine Tochter.«

Sie machte wieder eine Pause, die sie durch Drehen ihres Rings ausfüllte.

»So war er in der fürchterlichen Lage, dass er diese wahnsinnige Liebe, in deren Krallen er gefangen war, niemals leben konnte – eine Liebe, die ihn total gepackt hatte, natürlich auch mit körperlichem Verlangen ... Johanna mit ihrem Nacktheitswahn (sie schleuderte dieses Wort mit Verachtung heraus, nahm diese aber gleich mit einem „Entschuldigen Sie bitte!" zurück) – Johanna fing irgendwann auch damit an, unseren Heimtrainer zu benutzen, und dabei war sie immer nur mit einem winzigen Höschen bekleidet, und als ich sie bat, doch dabei Sportsachen anzuziehen, sagte sie nur: „Was hast du denn, Mama, warum soll ich denn die Sachen vollschwitzen, es sieht mich doch niemand!"«

Sie drehte wieder lange stumm an ihrem Ring.

»Das war aber ein Irrtum von ihr! – Einmal kam ich völlig ahnungslos im Souterrain an unserem Gymnastikraum vorbei – eigentlich wollte ich in den Waschraum –, da hörte ich schon Richard Strauß' „Zarathustra", die Musik, die sie beim Trimmen immer spielte, und dann sah ich sie in ihrem paradiesischen Outfit auf diesem Tretgerät ... und dann sah ich am Ende des Ganges Bodo – meinen Mann –, der auch ganz nackt war und offenbar völlig außer sich ... Ich bin dann schnell zurückgegangen, habe meinen Mantel angezogen und bin dann um den See bei unserem Haus gerannt.

Was sollte ich denn sonst tun? Ich wusste, dass ich mit nichts, weder mit Appellen an seine Vernunft noch mit irgendwelchen Drohungen, gegen diese Naturgewalt etwas ausrichten konnte.

Meiner Tochter konnte ich doch auch nichts sagen.

Ich wollte mich auch nicht dem Verdacht der Eifersüchtelei aussetzen! Die ahnungslose Johanna hätte mich ausgelacht, wenn ich ihr meine Wahrnehmungen mitgeteilt hätte, oder sie hätte gesagt, dass ich nur eifersüchtig sei! Wenn sie mir aber geglaubt hätte, dann hätte ich damit die Beziehung zu ihrem Vater zerstört. Und ihm war ja sowieso nicht zu helfen. Einmal habe ich es – ganz vorsichtig – versucht und ihm meine Hilfe angeboten, aber da hat er nur gesagt: ›Du kannst mir nicht mehr helfen!‹, hat sich umgedreht und ist in sein Arbeitszimmer gegangen.

Schließlich hat er keinen anderen Ausweg mehr gewusst und sich das Leben genommen.« Sie schwieg einen Moment, zog ihren Ring ein Stück nach vorn und steckte ihn mit einer leichten Drehbewegung wieder zurück.

»Sie fragen, wie? Nun, er hat sich einfach auf die Autobahn gelegt. Als Johanna und ich in die Pathologie zur Identifizierung mussten, schüttelte Johanna immer nur den Kopf und sagte: ›Wie konnte er das nur tun? Warum, warum?‹. Draußen wartete der Fahrer des Lastwagens, der ihn überrollt hatte. Der arme Kerl war völlig verstört. Er fragte, ob er irgendetwas für uns tun könne, es tue ihm so leid, er habe es nicht verhindern können. Johanna legte ihren Arm um diesen Mann, der dann hemmungslos zu weinen anfing, da nahm sie ihn ganz in ihre Arme und ließ ihn an ihrer Schulter schluchzen, bis er sich beruhigt hatte.

Ja, so ist sie! – So kann sie sein!

Ich habe ihr niemals gesagt, was ihren Vater in den Freitod getrieben hat – auch so ein irreführendes Wort, von „frei" kann dabei doch keine Rede sein! – also, was ihn in den Tod getrieben hat. Ich konnte ihn ja damit auch nicht mehr aufwecken, und ihr hätte ich eine lebenslange Schuld aufgebürdet.

Johanna machte dann ihr Abitur, mit viel Disziplin, ich habe sie dafür bewundert. Nach dem Abi machte sie dann diese Australien-Tour, die heute offenbar unvermeidlich ist, und dann eröffnete sie mir kurz nach ihrer Rückkehr, dass sie jetzt erst mal „woanders leben" wolle.

Ja, das war's im Wesentlichen! Ich muss Ihnen noch sagen, dass Sie der Einzige sind, dem ich diese Geschichte je erzählt habe, Johanna darf davon niemals etwas erfahren! Sie haben so geduldig zugehört, es geht mir jetzt wesentlich besser, ich danke Ihnen.«

Rehberg dankte Johannas Mutter für ihr Vertrauen. Mehr zu sagen war ihm in diesem Augenblick nicht möglich. Als sie ging, wagte er an der Haustür eine flüchtige, tröstende Umarmung, sie dankte ihm noch einmal „für alles" (wobei sie offenbar die Umarmung mit einschloss), und gab ihm „Für alle Fälle!" ihre Visitenkarte. Auf deren Rückseite fand er ihre Adresse, auf der Vorderseite lediglich ihren Namen „Beatrice Marguerite von Stein", gesetzt mit einem fein geschwungenen Schriftzug.

An einem der folgenden Tage, als Rehberg sich Bronsys Zuwendung wieder einmal nicht entziehen konnte, bemerkte der, dass das ja eine außergewöhnliche junge Frau gewesen sei, die da neulich nach dem Herrn Professor gefragt hätte, sehr selbstbewusst, aber auch sehr bescheiden. Eine solche Mischung finde man selten. Rehberg war klar, dass er mindestens eine Viertelstunde aufbringen musste, um wieder einmal Bronsys Mischung ungewöhnlichster Gedanken und Einschätzungen über sich ergehen zu lassen.

Das Hauptthema waren heute die Frauen und ihre Eigenschaften. Bronsy erklärte sich zunächst auf diesem Gebiet zum Ignoranten und verlegte sich dann auf Mutmaßungen. Sein Thema trieb ihn erkennbar um. Rehberg bewunderte derweil wieder seine robuste Gesundheit, denn Bronsy lief wieder mit einem kurzärmeligen Hemd durch den winterlichen Schneematsch, immerhin aber diesmal ausgestattet mit einer gefütterten Weste und seiner obligatorischen Wollmütze. Rehberg beschloss, sich diesmal nicht von seiner Ungeduld leiten zu lassen, und lud Bronsy zu einem Becher Kaffee mit Kuchen in die kleine Bäckerei gegenüber ein, die von einem freundlichen türkischen Ehepaar betrieben wurde. Karabudok hießen die Leute, was Rehberg mit seinen rudimentären Türkischkenntnissen mit „Schwarzharz" übersetzte. Nach einer halben Stunde und dem Konsum weiterer, von beiden Inhabern gegen seinen nutzlosen Widerstand spendierter Brötchenhälften befreite sich Rehberg vom türkisch-hausmeisterlichen Frühstückskaffee, er müsse noch einiges erledigen.

Was er erledigen wollte: Er suchte *sie*. Rehberg beunruhigte die Vorstellung, dass Johanna bei diesem Wetter irgendwo auf der Straße hocken könne, ohne Geld und ohne Wärme. Jetzt, da er ihre Geschichte kannte, fühlte er sich für sie verantwortlich.

Rehberg versuchte, seine anderen Regungen und Visionen, die durch seinen Wunsch, ihr zu helfen, noch verstärkt worden waren und sich unentwirrbar und unheilbar mit diesem vermischt hatten, zu unterdrücken. Noch nie war ihm die Stadt mit all ihren Billigangeboten, belanglosen Frittenbuden, geschniegelten Parfümgeschäften und glitzernden Handyläden so leer vorgekommen wie heute.

So stapfte er durch den Schneematsch, gelangte aus der Fußgängerzone an eine der breiten Ringstraßen, versuchte auf dem Gehsteig den Spritzfontänen der Autos auszuweichen, die flott an ihm vorbeirasten, wobei er der heute wenig tröstlichen Majestät von St. Katharinen kaum einen Blick gönnte, setzte seine Suche über versteckte Durchgänge, Hinterhof-Parkplätze und triste Nebenstraßen fort und erreichte schließlich die zugige, breite Ausfallstraße nach Norden, auf der kein Mensch außer ihm zu sehen war.

Rehberg schlug den Kragen seines Mantels hoch, schaute

hin und wieder auf der Suche nach einer Taxe zur Straße, jedoch vergeblich, musste vor einer Werksbahn warten, die unendlich langsam die Straße überquerte, bog schließlich von der Straße ab, überquerte einen geräumigen Vorhof, wobei er versuchte, den Pfützen auszuweichen, und stand schließlich vor der hohen Backsteinfassade des alten Fabrikgebäudes, in dem Johanna nach Auskunft ihrer Mutter „hausen" sollte. Er fand im hinteren Teil des Gebäudes einen Eingang, der nicht verschlossen war, und stieg eine schmale Betontreppe hinauf zum oberen Stockwerk.

Er wusste mit plötzlicher Klarheit, dass alles so sein musste, wie es jetzt war, dass alles sehr unwahrscheinlich, aber notwendig war. Dann hörte er ihre zitternde Stimme hinter einer halb geöffneten Tür im oberen Stockwerk, mit der sie sagte: »Wenn du mich noch einmal anfasst, schlage ich dich tot!«, worauf eine männliche Stimme boshaft sagte: »Das wollen wir mal sehen, wer hier wen totschlägt!« Rehberg spürte, wie sein Herz vor Angst aus dem Hals herausschlagen wollte, beschloss augenblicklich, dies nicht zu beachten, und öffnete die Tür ganz. Er sah sie an einer Wand auf dem Boden hocken, mit hochgezogenen Armen ihren Kopf schützend. Vor ihr stand der Bunthaarige in seiner Ledermontur. Rehberg spürte, wie eine ungeheure Wut seine Angst beiseite wischte, drängte sich zwischen die beiden, zischte ein »Verschwinden Sie!«, sah dann Johannas blutende Lippe und war nun zu allem entschlossen.

»Na«, schrie der Bunthaarige, »da ist er ja, dein Lover!«

Da drehte Rehberg sich um, sah, dass der Bunthaarige seine Arme in der Art eines Boxers winkelte, hob seine eigenen Arme nur leicht und sagte ganz ruhig: »Wenn Sie jetzt verschwinden, kommen Sie so davon, aber die Polizei ist schon unterwegs!« Da war das Signalhorn eines Polizeiwagens zu hören. Rehberg wunderte sich und unterdrückte ein erleichtertes Grinsen, während der Bunthaarige »Scheiße, verdammter Mist!« herauspresste, einen Beutel mit Sachen schnappte und durch die offene Tür verschwand.

Rehberg hielt Johanna sein Taschentuch hin. »Danke, geht schon«, lehnte sie ab und massierte mit der Zunge ihre blutende Lippe.

»Kommen Sie!«, sagte er. »Sind das hier Ihre Sachen?«

Sie nickte.

»Wo ist denn Anaximander?«

»Kommt gleich zurück.«

»Können wir schon gehen?« Sie nickte wieder.

Auf dem Hof kam ihnen eine junge Frau entgegen, die erkennbar milieueinschlägig war. Sie hielt eine McDonalds-Tüte in der einen Hand, mit der anderen hielt sie Anaximander an der Leine. Johanna nahm die Leine und sagte: »Bodo ist mal wieder völlig ausgerastet.«

»Doof!«, stellte die andere trocken fest, blickte kurz auf Rehberg, griff in die Tüte und gab Johanna, die jetzt doch etwas bleich aussah, einen eingewickelten Hamburger. Anaximander machte Männchen. »Später!«, wurde er vertröstet.

Rehberg war inzwischen eingefallen, dass man, wenn man sechsmal die Fünf wählte, ein Taxi ordern konnte. Er zog sein Handy aus der Brusttasche und bestellte einen Wagen.

»Du wirst ja sicher jetzt gehen«, sagte Johannas Mitbewohnerin, und es hörte sich mehr nach einer Feststellung an als nach einer Frage, » – also, dann mach's mal gut!«

»Ja, du auch – Tschau.« Johannas Lippe blutete kaum noch.

In der Taxe schwiegen sie, keiner der beiden hatte Lust, über das gerade Vorgefallene zu reden. In Rehbergs Wohnung bekam Anaximander eine Hälfte des Hamburgers und rollte sich, nachdem Johanna ihren Rucksack auf das Bett des Gästezimmers geworfen hatte, zufrieden auf seine Decke.

»Ruhen Sie sich erst einmal aus! Ich drehe die Heizung in Ihrem Zimmer auf. Möchten Sie einen Kaffee oder einen Tee?«

»Oh ja, ein Kaffee wäre jetzt gut.« Sie verschwand im Gästebad, er kochte Kaffee und stellte ein paar Sachen zum Essen auf den Tisch. Er hörte, dass sie duschte.

»Ich musste das erst mal alles von mir abspülen«, erklärte sie, als sie wieder in das Wohnzimmer kam, kauerte sich, wieder in seinen Bademantel gehüllt, in gewohnter Haltung mit angezogenen Beinen auf die Couch und schüttelte sich. Er schenkte ihr Kaffee ein, wies sie auf die Speisen auf dem Tisch hin und bat sie, sich zu bedienen. Sie nahm die Tasse, trank einen Schluck und sagte dann: »Jetzt geht es mir schon viel besser! – Sie hatten wohl eine Art sechsten Sinn – das war ja wirklich *just in time!*«

»Das ist wohl wahr! Ich habe erst in der Stadt nach Ihnen gesucht, und da ich Sie nicht fand ...«

»Aber woher wussten Sie denn, wo ich wohne? Ich hatte Ihnen doch nie davon erzählt! Bewusst nicht!«

»Ich hatte vor einigen Tagen Besuch von Ihrer Mutter – die mir übrigens sehr sympathisch war – und neugierig, wie ich bin, habe ich sie danach gefragt.«

»Wie denn, was denn – meine Mutter war hier? – Das muss ich erst mal verkraften!«

»Ja, sie hat mich besucht. Genau da auf der Couch hat sie gesessen, wo Sie jetzt auch sitzen. Wir haben einen Tee zusammen getrunken, und wir hatten ein intensives Gespräch. Es drehte sich fast nur um Sie und um Ihre Familie. Ihre Mutter hat dabei auch vom Tod Ihres Vaters erzählt – wir können ja nachher darüber sprechen. Aber darf ich jetzt auch mal Ihnen gegenüber neugierig sein? Wie kam es denn zu der Auseinandersetzung mit Ihrem ... Ihrem, ja was denn? ... Freund?«

»Die Eifersucht ist eine Leidenschaft, die mit Eifer sucht, was Leiden schafft!«, deklamierte Johanna. »Ein so dummer, hilfloser Kerl! Er warf mir vor, dass ich mit Ihnen ins Bett gegangen wäre, ich hätte doch bestimmt einen Preis zahlen müssen für so viel Aufmerksamkeit, so etwas gäbe es nicht gratis. – Ich habe ihm gesagt, dass ich mit Ihnen genauso wenig ins Bett gegangen sei, wie ich es mit ihm nicht getan habe – aber er wollte mir nicht glauben. Und dann warf er mir vor, *er* sei mir eben nicht gut genug, *Sie* dagegen ... na ja, und so weiter und so weiter ...

Ich war natürlich beleidigt und wurde wütend, das Ganze hat sich dann nach dem bekannten Muster hochgeschaukelt, bis er dann nach mir geschlagen hat. – Im Grunde hat er mir in dem Augenblick sogar leid getan ... auf der einen Seite fühlte ich mich schuldig, dann war ich aber auch voller Wut.

– Hätte er bei mir landen können, hätte das sicher sein zusammengefaltetes Ego aufgerichtet. – Habe aber keine Lust, aus therapeutischen Gründen mit einem Mann zu schlafen! Ich habe erlebt, dass die Mädchen, die das tun, sich alle selbst verletzen – wenn sie das auch nicht merken, jedenfalls nicht gleich – und das auch nicht wahrhaben wollen.«

»Ist ja dramatisch! – Also ehrlich, mir war ganz schön mulmig, Schlägereien habe ich immer gehasst, außerdem wäre ich immer der Unterlegene – (er lachte kurz) – aber von der Polizei war es doch sehr fürsorglich, genau im richtigen Augenblick Signal zu geben!«

»Noch mal zu meiner Mutter! Ich finde das eigentlich ganz schön ungeheuerlich, dass sie hierhergekommen ist – ich gehe doch auch nicht zu ihren Freunden und Bekannten und spreche über sie! – Also wirklich: Das ist ein dicker Hund!« Ihr Gesicht hatte sich verfinstert, und sie schüttelte wiederholt den Kopf.

»Darf ich jetzt mal Ihre Mutter in Schutz nehmen! Sie macht sich Sorgen um Sie, das ist doch verständlich! Für uns Spießer ist so ein Leben auf der Straße nicht das, wovon wir träumen ...«

»Da hat sie doch selbst Schuld dran! Sie ist nicht ehrlich zu mir! Sie verschweigt mir irgendwas – und solange sie das tut, bleibe ich weg von zuhause!«

»Ach das meinen Sie: Meine Mutter ist selbst schuld, wenn ich friere, warum zieht sie mir keine Handschuhe an!«

»Ganz so ist es ja nicht (ein Lächeln huschte über ihr Gesicht) – das kannte ich noch nicht.«

»Außerdem kann Ehrlichkeit auch verletzend sein, jedenfalls, wenn man in jedem Augenblick, ohne jede Einschränkung, rückhaltlos ehrlich wäre ...«

»... da kämen wir aber zu schönen Verbiegungen!«

»Moment, Moment! Angenommen, ich verletze oder belaste einen anderen Menschen durch eine rückhaltlose Wahrheit – vielleicht sogar unwiderruflich, unkorrigierbar – ist es dann nicht sogar achtenswert, wenn ich entgegen meiner Liebe zur Wahrheit schweige?«

Sie angelte sich eine Olive vom Tisch und schwieg einen Moment. Rehberg schaute die Gestalt auf der Couch mit großer Intensität an und versuchte dabei, seine Vorstellungen zu zügeln, die die Erinnerung an ihre dunkle Sphinxlandschaft hervorriefen – war das wirklich schon Monate her? Diese dumme Besessenheit! Nimm sie als Hilfsbedürftige, nicht als Zielobjekt deiner erotischen Erfüllungsphantasien!

Dann sagte sie langsam, in die Verwirrung seiner Gedanken hinein, jedes Wort betonend:

»Aber *Ihnen* gegenüber hat sie *nicht* geschwiegen!«

Nun saß Rehberg in der Falle. Er hatte befürchtet, schon in dem Augenblick, als er ihre Mutter erwähnte, dass ihr Gespräch zu diesem Punkt kommen musste, und ihm war augenblicklich klar geworden, dass er dann nicht wissen würde, was er ihr sagen sollte oder durfte. So schwieg er zunächst, während sie ihn mit großen Augen anschaute und nach einer weiteren Olive griff, die sie zwischen ihre Lippen steckte.

– Herrje, was für einen schönen, vollen Mund sie hat! Rehberg stand auf und legte Holz im Kamin nach.

»Sie müssen kein Holz nachlegen, es ist mehr als warm hier«, sagte sie und schob den Schalkragen seines Bademantels zurück.

Was würdest du machen, wenn sie jetzt diesen Bademantel auszieht, fragte er sich. Und er wusste, dass er nichts machen würde – außer seine Blicke zu kontrollieren, so gut ihm das möglich sein würde. Leichthin sagte er: »Machen Sie es sich ruhig bequem!«

»Danke!«, sagte sie, öffnete den Gürtel des Bademantels, wand sich mit zwei schlangengleichen Bewegungen heraus und legte ihn neben sich auf die Couch. Ihr nun nackter Arm langte nach einer weiteren Olive, wobei ein Tropfen Öl auf ihre rechte Brust tropfte und in Richtung des dunklen Rundhofs lief, der ihre Brustspitze umkränzte. Sie wischte das Öl mit einem Zipfel des Bademantels ab und ließ Rehberg dabei wissen, dass sie schon immer jede Art von Kleidung nur als notwendiges Übel betrachtet habe, das die Temperaturen in diesen Breiten und gewisse „engherzige Konventionen verquerer Bürgerlichkeit“ gefordert hätten.

»Die Einhaltung von Konventionen trägt uns, nur auf der Grundlage dieser Beständigkeit ist produktive Veränderung möglich, sonst hätten wir Chaos.«

Es fiel ihm nicht leicht, seine Augen in der Höhe ihres Gesichts zu halten – wenn sie jetzt in ihrer paradiesischen Nacktheit aufstehen und den Blick auf ihr Ganzes freigeben würde, würde ihn dann nicht ein Schwindel hinwegfegen?

Oder träumte er diese Szene nur?

Aber diese Stimme war real, war nicht Teil eines Traums, und die sagte jetzt: »Wenn aber zu viel Konvention existiert, kann eine „produktive Veränderung" nicht wirksam werden, dann bleibt das Ganze stecken!«

Rehberg entgegnete: »Denken Sie an die Fortpflanzung, ich meine damit die genetische Weitergabe des Erbmaterials. Veränderung und Entwicklung, die Leben erhält, sind nur möglich, wenn sich im Meer der identischen Reproduktion einige winzige Elemente der Nicht-Identität tummeln – die bewirken dann die Veränderung. Sie sind aber auf die eingespielte Verlässlichkeit des Ganzen angewiesen. Das große Orchester der Natur muss harmonisch zusammenspielen, damit einige Fehltöne das Neue gebären können.« (Weiß der Teufel, warum er ausgerechnet jetzt in Kategorien von Fortpflanzung und Gebären argumentieren musste, als gäbe es keine andere Möglichkeit, seine These zu belegen!)

Sie lehnte sich etwas zurück und lächelte ihn an. Ihm schlug wieder das Herz bis zum Halse, aber nun war es eine andere Angst als die in der Fabrik, als er sich zwischen sie und den Bunthaarigen gestellt hatte.

Es war vielmehr das plötzliche Hereinbrechen einer ungeheuren Möglichkeit, eine Erwartung, die ganz tief in ihm geschlummert haben musste, die ihm jetzt die Luft nahm.

Da klingelte es an der Wohnungstür.

Befreiung!

Rehberg murmelte eine Entschuldigung, sprang auf, eilte zur Tür, bedankte sich bei jemandem, kehrte dann zu Johanna zurück, die sich vorsorglich wieder in den Bademantel gehüllt hatte, und zeigte ihr den Teller mit den grünlich, gelblich, rötlich gefärbten kleinen Eiern, den er soeben von Bronsy entgegengenommen hatte.

»Nein«, staunte sie, »sind die niedlich!«

»Unser Frühstück ist gerettet«, stellte er fest.

»Dann wollen wir gründlich darauf hinschlafen, gute Nacht!«

»Gute Nacht!« Er war erleichtert. Danke, Bronsy!

Auf dem Weg in seinen Schlaftrakt meldete sich das Handy in seiner Brusttasche. Er schloss die Tür zum Flur und las die SMS: »Sehr geehrter, lb. Herr Prof. Rehberg, danke für das schöne Gespräch, haben Sie Lust, es morgen bei einem Tee bei mir fortzusetzen? 16 Uhr in der Westermann-Allee 108, Ihre BMS«.

Rehberg hatte eine dieser Albtraum-besetzten Nächte hinter sich, in denen man die Dinge nicht zueinander bekommt. Immer wieder hatte er versucht, in zerbombten Häusern eine Möglichkeit zu finden, sein Geschäft zu erledigen, aber es gab keine Toiletten und auch keine unbeobachteten Plätze. Fand er einen, lagen dort hohe Stoffstapel, auf die er nun wirklich nicht pinkeln durfte. Dann wagte er es doch, aber er spürte nur einen Druckschmerz zwischen Schambein und Leiste und fuhr aus dem Schlaf hoch in der Angst, gebettnässt zu haben, aber es war alles trocken. Verrückt, dachte er, während er im Halbschlaf in sein fürstliches Bad torkelte und dort seinen Druck abbaute, wonach er sich wieder in sein Bett bewegte, sich hier noch ein paar Mal hin- und herwarf und sich über die offenbar verkorkste Nacht ärgerte.

Ob sie wohl gut schlief? Bestimmt, das war ja eines der Privilegien der Jugend! Irgendwann hatte dann Morpheus ein

Einsehen, nahm den irrlichternden Professor sacht in seine Arme, und als er am Morgen erwachte, hatte er das Empfinden, in der Nacht irgendetwas Bedeutendes abgearbeitet zu haben. Er fühlte sich frisch und gut aufgelegt, erledigte seine Morgentoilette und zog sich an. Als er in den sonnenüberfluteten Flur trat, hörte er leise Musik aus dem Wohnzimmer und erlebte eine große Überraschung: Anaximander stand in der Mitte des Flurs auf dem Treppenabsatz und erwartete ihn schwanzwedelnd.

»Das wird ja eine wirkliche Freundschaft«, sagte sie, aus der Küche tretend.

»Was habe ich denn jetzt falsch gemacht?« (kleiner Scherz am Morgen!).

»Naxi hat Sie offenbar jetzt akzeptiert«, erklärte sie.

»Und sein Frauchen?« – Ja, er war gut drauf!

»Die brät jetzt Herrn Bronsys Dacheier, wenn's recht ist!«

»Fein, dann gehe ich inzwischen mit Ihrem Philosophen Gassi, damit er seine unphilosophischen Geschäfte erledigen kann!«

Anaximander folgte widerspruchslos und ließ sich sogar von ihm anleinen.

Rehberg kam sich komisch vor, als er mit dem sehr folgsamen Hund durch die Straßen zog und schließlich hinter dem Seniorenheim eine Möglichkeit für Anaximanders legitime Bedürfnisse entdeckte, die dieser auch schicklich abseits des Weges unter einem Busch erwartungsgemäß und zügig erledigte.

Johanna hatte etwas Apartes gezaubert, ein Mittelding zwischen Omelette, Rühr- und Spiegeleiern, ergänzt um einige kleingeschnittene Tomaten und Gurken, die nach nichts und allem schmeckten.

»Hm!«, machte er und log etwas von Vier Sternen.

»Die Wahrheit ist, dass es grandios danebengegangen ist. Es sollte eigentlich ein Gemüse-Omelett werden, aber mir fehlt offenbar die Übung!«

»Da macht überhaupt nichts, Sie haben eine kreative Neuerung durch Verneinung des Herkömmlichen erschaffen!«

Zum ersten Mal erlebte er, dass sie lauthals lachte. Das war kein kontrolliertes Lachen – ihr Lachen brach durch wie ein Strom, dessen Dämme barsten. Dass sie so lachen konnte bei ihm, sich so nach außen kehren konnte, empfand er glücklich als Beweis ihres Vertrauens zu ihm. Deshalb musste er mitlachen, und ihm hätte klar sein können, dass es der falsche Zeitpunkt war, zu sagen, was er nun sagte – aber er erlag der typisch männlichen Gefühllosigkeit, die meint, für die Wahrheit sei jeder Zeitpunkt richtig – jedenfalls musste das in ihm voreingestellte Programm abgespult werden, und so sagte er: »Heute Nachmittag bin ich zum Tee eingeladen, bei Frau Beatrice Marguerite von Stein.«

Auch dass er den ersten Vornamen „Beatrietsche“ aussprach, minderte die ernüchternde Wirkung nicht.

»So!«, sagte sie nur, und der Strom ihres Lachens versiegte, als wäre er nie da gewesen.

»Ja«, versuchte er seine Mitteilung zu entschärfen und ärgerte sich, gegen sein besseres Wissen einfach so dahergeplappert zu haben, aber wie unter Zwang plapperte er weiter, »ich habe gestern Abend noch eine SMS von Ihrer Mutter bekommen, mit einer Einladung.«

»Nun dann – gute Gespräche!« Sie stand auf und räumte den Tisch ab.

Er schwieg – aus einer Mischung von Einsicht und Phantasielosigkeit – er wusste einfach nicht, was er jetzt noch sagen könnte. Rehberg war klar, dass, wenn er jetzt dieses Thema weiter verfolgte, ihre bisher leichtfüßige Beziehung auf die unsichere Ebene einer Auseinandersetzung zwischen Partnern heben (oder senken) würde. Bei dem Gedanken, dass ein Streit Zeichen einer Partnerschaft sein könnte, musste er nun aber doch lächeln. Und so sagte er, wobei er versuchte, möglichst leger zu klingen: »Die Schlüssel für die Haustür und die Wohnungstür liegen vor dem Ausgang zum Flur auf der Fensterbank. Die können Sie gern mitnehmen, Sie sind hier immer willkommen, auch wenn ich nicht da bin.«

Ihr gemurmeltes »Danke!« glich mehr einem Knurren, und als er gegen Mittag zurückkam, lagen die Schlüssel weiter auf der Fensterbank. Er wusste nicht, ob er darüber enttäuscht oder erleichtert sein sollte.

Nach der Mittagspause sinnierte er wieder über dem Text eines Aufsatzes zu einem neuen Urteil des Europäischen Gerichtshofs, den er noch schreiben musste, und kämpfte dann mit dem unbezwingbaren Eigenleben seines Desktops, worüber er vergaß, auf die Uhr zu schauen. Rehberg hatte sich schon immer darüber gewundert, dass Albert Einstein die Relativität der Zeit nur in Abhängigkeit von der Geschwindigkeit untersucht hatte, nicht aber in Abhängigkeit von der geistigen Verdichtung eines arbeitenden Gehirns. Rehberg war zutiefst davon überzeugt, dass die Zeit umso schneller lief, je stärker diese geistige Verdichtung war, und dass dieses Phänomen ein Beweis für die Einheit von Geist und Materie, oder allgemeiner formuliert, für die Einheit zwischen innerem und äußerem Geschehen war.

Jedenfalls war es kurz vor vier, als ihn sein Unterbewusstsein zur Uhr blicken ließ. Er erschrak, denn er hatte vergessen, für seine Gastgeberin Blumen zu besorgen. So entschied er sich denn, mit leicht schlechtem Gewissen, Frau von Stein den Sonderdruck eines seiner Essays mitzunehmen (denn ein Mitbringsel sollte nach seiner Überzeugung eigentlich Gemüt, Gaumen oder Kehle des Beschenkten erfreuen, diesem aber keine Last aufbürden – zum Beispiel die einer vielleicht gar nicht interessierenden Lektüre).

Sei's drum, er musste jetzt los!

Er war gerade dabei, die Tür seiner Wohnung zuzuziehen, da klingelte es von der Haustür aus.

Ausgerechnet jetzt!

Halb ärgerlich, halb unentschlossen öffnete er die Tür wieder ganz, nahm den Hörer der Gegensprechanlage ab und erfuhr, dass ein Bodo Kirchhof ihn sprechen müsse. »Sie wissen doch, der Freund von Jonna!« Rehberg drückte den Knopf und hörte, wie 63 Stufen unter ihm die Haustür geöffnet wurde und sein Besucher die Treppen hinaufstürmte.

»Ist sie hier?«, fragte, oben angekommen, der bunthaarige Lederjackenträger, dessen Fausthieben er in der alten Fabrik nur wie durch ein Wunder entkommen war, etwas atemlos, aber nun offenbar friedfertig, wie Rehberg zu seiner Erleichterung feststellte.

»Guten Tag!«, sagte Rehberg, »Nein, sie ist nicht hier, Sie können aber kurz hereinkommen, wenn Sie mögen. Aber bitte nur kurz, ich muss zu einem Termin.«

»Geht o.k.!« Sein Besucher schaute in den Flur. »Das ist ja hier wie in einer Villa! Kein Wunder, dass ihr das gefällt! Kann ich verstehen! Gönn' es ihr ja auch! – Hat sie ein eigenes Zimmer – zum Schlafen?«

»Ja, natürlich, kommen Sie, ich zeige es Ihnen.«

»Merken Sie was?«, fragte die Lederjacke, als er in Johannas Zimmer hineinschaute. »Die Atmosphäre von Jonna ist in diesem Zimmer. Sie ist noch in diesem Zimmer zu spüren! Sie verwandelt alles, womit sie in Berührung kommt, unauffällig, aber spürbar – jedenfalls für jeden, der sie kennt und sie ... na ja, sie mag ... Stellen Sie sich vor – sie ist weg, und mein Leben ist leer! Ich habe nur noch dieses kleine Halstuch von ihr« – er greift in eine Jackentasche und holt ein sorgfältig zusammengefaltetes seidenes Tuch hervor – »Wissen Sie, nur dieses Tuch hält mich noch hier, sonst hätte ich schon Schluss gemacht, so wie Jonnas Vater!« Dann macht er zwei Schritte in das Zimmer, blickt auf den Schreibtisch, wo nur zwei leere Blätter liegen, blickt aus dem Fenster und dann auf das Bett, beugt sich vor und sagt: »Bitte, bitte, hier sehen Sie es!« Er zeigt auf die kleine runde Ablagefläche, die an den Metallrahmen des Bettes geklemmt ist, und nun sieht auch Rehberg das schwarze Herz. Er nimmt den herzförmig geschliffenen, glatten schwarzen Stein in die Hand, der auf der Vorderseite unzählige weiße Punkte einschließt, während die Rückseite ganz schwarz ist. Rehberg betrachtet sorgsam die feine Maserung und fühlt die wohltuend glatte Oberfläche, indem er den Stein mit Fingern und Daumen streichelnd in seiner Hand schaukeln lässt.

Rehberg legt den Stein zurück und bittet seinen Besucher, der jetzt aufgewühlt zu sein scheint, in das Wohnzimmer und bietet etwas zu trinken an. Lederjacke blickt sich um, geht zum Fenster, das nach St. Martini schaut, und ruft: »Das ist ja Wahnsinn!«, winkt ab, als Rehberg ihm erneut etwas zu trinken anbietet, lässt sich auf die Couch sinken, vergräbt seinen Kopf in den Händen, schüttelt ihn hin und her und murmelt etwas wie »Ist verloren! Ist verloren!«, blickt dann unvermittelt ganz friedlich zu Rehberg auf und sagt: »So ist das. Das gibt es eben, und ich gönne es Jonna, ich gönne es ihr wirklich!

Vielleicht hilft es ihr ja, und sie findet ein Zuhause. War ja auch Kacke, wie wir gehaust haben, war alles nur Selbsttäuschung, das konnte nur auf Zeit funktionieren!

Das Bürgerliche triumphiert, ist wohl auch im Grunde

richtig so, muss wohl so sein! Ich kann ihr nichts bieten, außer vielleicht mein kleines Ich, das ist aber zu wenig, zumal ohne sie davon ziemlich wenig übrig geblieben ist!

Werdet froh miteinander – und glücklich, ich mache mich davon!«

Er legt den rechten Zeigefinger auf die Lippen, als Rehberg etwas Ermutigendes sagen will. »Ist schon gut so, ist alles o.k.! Sie sind ein guter Mensch, das habe ich gleich gesehen damals vor Karstadt, als Sie Jonna Ihre Visitenkarte gaben und sie sie annahm – das war eigentlich das Entscheidende für Frau Unberührbar – da wusste ich sofort: Junge, jetzt hast du verloren!«

Bodo war aufgestanden und begleitete seinen Gastgeber auf dem Weg auf den Flur wie ein Wanderdozent, indem er seine letzten Sätze mit ausholenden Armbewegungen begleitete.

»Natürlich wehrt man sich dagegen, man kämpft noch ein bisschen herum – übrigens Entschuldigung für mein aggressives Verhalten neulich, zu Ihnen – und natürlich auch ihr gegenüber. Wie konnte ich mich so vergessen, dass ich sie geschlagen habe?! Wo ich ihr doch immer nur Gutes wollte! – Das war die Angst der Verzweiflung, es tut mir leid, sehr leid! Sagen Sie ihr das, bitte!«

»Das werde ich tun!«

Sie standen jetzt an der Tür, Bodo bedankte sich noch einmal – fürs Zuhören – sagte dann noch: »Wenn Jonna ihr steinernes Herz hier gelassen hat – das vergisst sie nie, dann kommt sie auch wieder!«, und während ihm Rehberg bis zur ersten Treppenbiegung nachblickte, verabschiedete er sich mit einem endgültig klingenden »Leben Sie wohl!«

»Das akademische Viertel ist völlig in Ordnung!«, erwiderte die Gastgeberin, als Rehberg sich für seine Verspätung und die nicht besorgten Blumen entschuldigte. Sie blickte auf den Sonderdruck und rief aus: »Das darf ja nicht wahr sein! Ein Aufsatz über das Buch, das ich gerade lese! Da bin ich aber neugierig, was Sie dazu zu sagen haben! Ganz herzlichen Dank, besser hätten Sie es gar nicht treffen können! Mein Lampedusa! Ich finde ja die Übersetzung von Charlotte Birnbaum unschlagbar. Die neue Übersetzung von der Frau mit dem Schweizer Namen, den ich immer wieder vergesse, ist im Grunde stellenweise eine Übersetzungsverweigerung, schon der Titel „Der Gattopardo" zeigt das – entweder italienisch oder deutsch, finde ich! – Bitte treten Sie näher!«

Rehberg trat in ein großzügiges, aber nicht übermäßig großes Wohnzimmer mit einer Möblierung aus Alt und Modern. Durch eine breite Fensterfront konnte man über die Terrasse auf einen Rasen blicken, der durch eine hochgewachsene Buschreihe begrenzt wurde. Dahinter war das Dach des Nachbarhauses erkennbar.

»Es ist zwar nicht ganz so geräumig wie bei Ihnen«, sagte sie, »aber ich fühle mich hier sehr wohl. – Bitte, nehmen Sie Platz.« Sie wies mit einer Geste zur Couch, die dem Fenster gegenüberstand.

»Danke.« Er setzte sich, und sie schenkte ihm von dem Tee ein, der vorbereitet auf einem Stövchen wartete. »Ist doch recht so, wenn ich mich richtig erinnere?« Er nickte »Danke!« und machte ihr ein Kompliment wegen der schönen Lage des Hauses.

Sie erzählte, wie ihr Mann und sie das Haus vor zwanzig Jahren gekauft hätten und wie glücklich sie darüber gewesen seien. »Für die kleine Johanna war der Garten natürlich ideal, und in einer Viertelstunde ist man in Riddagshausen, wir sind dort oft gelaufen.«

»Bergen diese Wände nicht auch viele Erinnerungen für Sie?« (So richtig ins Zentrum zielend fand er diese Frage selbst nicht.)

Sie lachte. »Mit dem Älterwerden stellen sich unvermeidlich Erinnerungen ein. Entscheidend ist, wie man damit umgeht, ob man sie produktiv verwertet oder ob man sich dadurch verleiten lässt, sich zurückzuziehen. Ich bemühe mich, nach vorn zu leben. Ich gehe nur ab und zu mal in die Schatzkammer meiner Erinnerungen und schaue mir dies und jenes an, wie in einem schönen Museum. Außerdem habe ich nach dem Tod meines Mannes hier so einiges verändert; das Haus ist jetzt viel heller und auch geräumiger geworden« – sie wies in den Raum – »mein Mann bestand zum Beispiel auf braunen Wänden, sehen Sie, das Weiß macht jetzt alles sehr freundlich. In der Diele waren Butzenscheiben, nun kommt auch dort durch die großen Scheiben viel mehr Licht herein. Einiges will ich noch verändern, aber es geht nicht alles auf einmal!«

Sie griff zu ihrem Tee und blickte ihn über den Rand ihrer Tasse freundlich-fragend an, während sie kleine Schlucke nahm. Rehberg schwieg, er hätte sowieso zu allem nur ja sagen können, eine Welt völliger Übereinstimmung hatte sich ihm geöffnet, und zum ersten Mal hatte er die Befürchtung, dass ihm ein solcher Gleichklang langweilig werden könnte.

Hatte er nicht immer von einer klugen, kultivierten Frau geträumt, von einer Frau, mit der ihn ein tiefes Verständnis verband? Jetzt, so ganz plötzlich, war er einer begegnet! Und nun haderte er damit! Er musste jetzt Ordnung in seine Gefühle bringen, er durfte sich weder verlieren, noch sich unnötig sperren!

Er musste an Johanna denken. Er hatte sich vorgestellt, sie könnte das Ziel sein – aber vielleicht war sie ja auch nur der

Weg zum Ziel. Irgendetwas schien hier arrangiert worden zu sein, von irgendwelchen höheren Instanzen – Instanzen, die diese Szene nun auch noch mit augenzwinkerndem Lächeln zu beobachten schienen.

Seine Gastgeberin schaute ihn geduldig an. Erriet sie seine Gedanken? Wann hatte er je ein so verstehendes Lächeln erlebt?

Ihm fiel nichts ein, was er hätte sagen können. Es wäre alles banal gewesen gegen die Empfindungen, die er gerade durchlebte, aber die konnte er ihr nicht mitteilen. Vielleicht ließ er sich ja nur von diesem Augenblick täuschen, vielleicht war alles nur eine Anhäufung von Zufällen, das Ergebnis seiner übersteigerten Phantasie?

Sie lächelte ihn weiter geduldig an.

Da fiel es ihm zum Glück ein: Bodo Kirchhof – natürlich, das hatte er ihr doch erzählen wollen, schon am Anfang, um seine Verspätung zu entschuldigen!

»Ach ja«, begann er, »das hätte ich jetzt fast vergessen«, und er berichtete über das unerwartete Auftauchen des jungen Mannes, sein bemerkenswertes Verhalten und seine beunruhigenden Worte.

»Die Arme«, sagte sie, »da hat Johanna wieder ein Feuer entfacht, ohne es zu bemerken. Das Haus brennt lichterloh, und sie trällert irgendwo herum. Wir können hier sowieso nichts machen; vielleicht besinnt er sich ja noch – manchmal schäumen bei diesen jungen Leuten die Emotionen hoch, und später legt sich das Ganze wieder.«

»Mag sein, hoffentlich ist es so«, sagte er, nicht sehr überzeugt, »aber der junge Mann war sehr ernsthaft, ich befürchte Schlimmes!«

»Dann sollten wir vielleicht in die Fabrik fahren?!«

Johannas Mutter saß neben ihm im Auto, als sei das von

jeher ihr Platz gewesen. Rehberg lenkte den Wagen direkt vor den Hintereingang der aufgelassenen Fabrik. Er nahm einen Schirm vom Rücksitz, weil es kräftig zu regnen begonnen hatte, und ging über die Pfützen um das Auto herum, um seine Begleiterin beschirmt in das Gebäude zu bringen. Auf dem Weg dorthin griff sie leicht nach seinem Arm. Im Erdgeschoss kam ihnen ein junger Mensch im Blaumann entgegen und fragte, ob er helfen könne. Sie erkundigten sich nach den jungen Leuten im Obergeschoss.

»Die sind ausgeflogen«, sagte der Blaumann, »das heißt, sie mussten raus, weil meine Firma die komplette obere Etage braucht. Wir haben ja auch genug Nachsicht mit denen gehabt», ergänzte er noch, »die Firma hat Strom und Warmwasser bezahlt – da soll noch einer über unseren kalten Kapitalismus meckern!«

Die Frage nach der neuen Bleibe der Ausgezogenen beantwortete er mit einem Achselzucken: »Das weiß keiner, eines Tages waren sie weg.«

Rehberg und Beatrice von Stein blickten sich an, nun zog auch Rehberg die Schultern hoch, und sie nickte. Dann bedankten sich beide, machten kehrt und stiegen wieder in den Wagen.

»Wir müssen warten, bis Johanna sich wieder meldet«, antwortete sie auf seine unausgeprochene Frage. Er schlug vor, mit ihm Essen zu gehen, aber sie sagte ihm, sie hätte zuhause etwas „für uns“ vorbereitet. Rehberg war es nicht unangenehm.

Als er drei Stunden später wieder in seine Wohnung trat, hatte er das Gefühl, sehr lange weg gewesen zu sein.

Es folgten Tage des Schweigens. Rehberg war klar, dass sie alle drei Gründe hierfür hatten. Beatrice musste ihrem

Stolz gehorchen, er seiner Unentschiedenheit und Johanna beidem. Natürlich hatte er sich gleich am nächsten Tag bei seiner Gastgeberin bedankt, sich aber danach nicht mehr gemeldet. Schon am zweiten Tag ertappte er sich dabei, dass er am Spätnachmittag in Johannas Zimmer ging und den glatten Herzstein streichelte. Das erlaubte er sich jedoch nur einmal am Tag.

Am Ende der Woche kündete ein explosiver Nieser an, dass er auch in diesem Jahr seinen Tribut an die nasskalte Jahreszeit leisten musste. Er kaufte mehrere Kilo Saftorangen, ein paar Tiefkühlpizzen und noch ein paar andere haltbare Sachen zu essen ein, trotzte seinem dampfenden Kopf noch einige Seiten Text ab und legte sich dann, umtürmt von Büchern und Zeitschriften, mit munter triefender Nase ins Bett. Er wusste aus Erfahrung, dass es besser für ihn war, seine Erkältung zwei, drei Tage auszuschwitzen, als sie in falschem Heroismus wochenlang mit sich herumzuschleppen und dann auch andere anzustecken. Er war überzeugt davon, dass jede Krankheit eine Botschaft enthielt, die man entschlüsseln musste. Sein Körper war offenbar wieder einmal vernünftiger als sein Verstand und zwang ihn zur Ruhe. Rehberg akzeptierte dies mit einem widerwilligen Lächeln.

Am zweiten Morgen seines erzwungenen Aufenthaltes im Bett, Rehberg hatte gerade geduscht und sich rasiert – auf gepflegte Erscheinung legte er auch im Bett Wert, und zwar aus Bedürfnis, nicht aus Gründen der Konvention – fiepte der Tastenhummer.

»Ihnen geht es nicht gut«, hörte er die Anruferin sagen, »hier ist Beatrice.«

Sie hatte sich mit Vornamen gemeldet. Er begriff, dass es auch bei ihr weitergegangen war.

»Woher wissen Sie das?«, fragte er überrascht und teilte

ihr mit, dass er mit seiner obligatorischen Wintererkältung im Bett liege.

»Ich habe das einfach gespürt«, sagte sie, »ich komme in einer halben Stunde vorbei. Ich klingele dann zwei Mal.«

Er bedankte sich und unterdrückte rechtzeitig ein »Nicht nötig, ich komme schon allein zurecht«, denn er freute sich auf sie. Er freute sich sogar sehr, wie er sich eingestehen musste.

Es dauerte dann doch länger als eine halbe Stunde, bis das doppelte Läuten der Klingel eine warme Welle der Erwartung in ihm auslöste. Rehberg zog seinen Bademantel an, ging zur Tür, um auf den Summer zum Öffnen der Haustür zu drücken, und wartete im Flur bei halb geöffneter Tür, bis sie, mit einer Einkaufstasche in der einen Hand und einer Plastiktüte in der anderen, mit einem ernsten Lächeln vor ihm stand.

»Tatsächlich genau dreiundsechzig Stufen!«, stellte sie leicht atemlos fest. »Guten Morgen!«

Er ließ sie eintreten, sagte nur: »Willkommen, ich halte Distanz!«, und trollte sich wieder in sein Bett. Er hörte sie in der Küche mit Geschirr und Gläsern hantieren, Schubläden aufziehen, dann summte die Saftpresse und der Deckel eines Kochtopfes klapperte. Sie hatte einen festen Auftritt; er hörte darauf, als sie über den Marmorfußboden des Flurs zum Schlafzimmer kam.

Johannas Schritte hatte er nicht im Kopf, sie hatte bei ihm ja auch nie hochhackige Schuhe getragen, sondern war immer barfuß oder in Socken herumgelaufen; er hatte sie überhaupt noch nie bewusst gehen gehört.

Beatrices Schritt kommt aus der Hüfte, dachte er; so hört man gern einen festen Schritt. Sie hielt in jeder Hand ein Glas mit frischem Orangensaft. Sie habe sich auch ein Glas erlaubt, offenbar hätten beide dieselbe Idee gehabt, da warteten nun wohl einige Kilo Orangen auf ihre Versaftung.

»Ja, und Sie sollten sich auf keinen Fall anstecken«, sagte er. »Prävention kann nie schaden!«

»Ich habe noch eine Beinscheibe mitgebracht«, teilte sie mit, »die kochen wir aus, das gibt eine kräftige Brühe, so eine Erkältung macht doch ziemlich schwach!«

Er entwickelte seine Lehre von der Krankheit als Botschaft, die man entschlüsseln müsse – was sie denn davon halte?

Daran könne es doch keinen Zweifel geben, stimmte sie zu, das Problem sei nur, eine solche Botschaft richtig zu interpretieren. Es sei wie bei dem Orakel von Delphi – und bei allen anderen Orakeln – sie seien nie eindeutig, man müsse sie eben richtig, und zwar richtig für sich, deuten. Orakel ließen dem Menschen Freiheit, appellierten an sein Denkvermögen, oder besser: an sein Vermögen, sein Schicksal oder seine Bestimmung zu erkennen. Vielleicht bestünde die eigentliche Bedeutung von Orakeln vor allem darin, Fehlentwicklungen und Fehlentscheidungen zu verhindern, so werde eine Krankheit zum Helfer.

»Ja«, spann er den Gedanken weiter, wobei er sie bat, das Kopfteil seines Bettes etwas steiler zu stellen – in der Liegeposition fühle er sich in der Formulierung seiner Gedanken behindert –, »was folgt daraus für das Arzt-Patienten-Verhältnis? Es ist von A bis Z fehlorientiert! Statt die Menschen auf ihre Eigenverantwortung bei der Entschlüsselung solcher Botschaften zu verweisen, teilt man ihnen absurde Diagnosen mit, die nie den ganzen Menschen erfassen, sondern lediglich einzelne Körperfunktionen, und dann verordnet man ihnen irgendwelche angeblich heilsamen Gifte und gaukelt ihnen vor, dass diese Götter in Weiß irgendwie helfen könnten. Dabei machen die doch in der Regel gar nichts – von der Reparatur gebrochener Gräten und der Behebung ähnlich offensichtlicher Gebrechen einmal abgesehen! Na, immerhin geben Ärzte ihren Patienten eine Art von Halt, wenn sie krank sind, und helfen ihnen damit über eine Zeit der Unsicherheit hinweg – was ja auch etwas ist!«

»Wenn das so ist«, sagte sie nach einem Moment der Überlegung, »– und ich bin sicher: Es ist so! –, dann ist das System notwendig unbezahlbar, denn wir sprechen ja hier über viele Millionen Schicksale!«

Da zischte es aus der Küche. »Die Beinscheibe!«, rief sie entsetzt, sprang auf und rannte zum Herd.

Rehberg legte sich zurück in seine Kissen und fühlte sich sehr wohl.

»Der Schaden hält sich in Grenzen«, berichtete sie nach ihrer Rückkehr und setzte sich wieder auf den Stuhl neben seinem Bett. Sie wendeten das Thema Krankheit noch ein wenig hin und her, bis sie befand, er müsse sich nun weiter gesundschlafen. Wenn er später Appetit bekomme, sei die Brühe fertig. Sie stellte das Kopfteil des Bettes wieder niedriger, schüttelte Kissen und Deckbett noch einmal auf, ließ die Schlafzimmertür einen Spalt breit offen, und er hörte ihre Schritte im Flur verklingen.

Wenn sie nicht da wäre, würdest du jetzt gar nichts hören, dachte er zufrieden, und eine Brühe hättest du dir auch nicht gemacht. Dann kam ihm ihr Gespräch wieder in den Sinn, und er fragte sich beunruhigt, welche Botschaft er denn aus *seiner* Krankheit ziehen sollte. Da hatte er eine so schöne Theorie entwickelt, sogar eine Anhängerin gefunden, die ihm voll zustimmte, versagte aber gleich beim ersten Versuch, sein Gedankenkonstrukt auf die eigene Situation anzuwenden. Das war mal wieder typisch für ihn! Immerhin war er nicht ganz unvorbereitet, als sie am nächsten Tag nach dem

Essen betont beiläufig fragte, welche Botschaft er denn seiner Erkältung entnommen habe.

»Darüber habe ich gestern auch nachgedacht. Leider war das Ergebnis deprimierend! Das war wohl noch keine richtige Botschaft, aber vielleicht will mir meine Erkältung auch mitteilen, dass ich mir erst mal darüber klar werden muss, nach welchen Kriterien ich mich entscheiden sollte.«

»Aber das ist doch schon was! Orakel geben doch nie eine eindeutige Anweisung, sie geben uns nur den Anfang eines hilfreichen Gedankens. – Übrigens, wo wir gerade über hilfreiche Botschaften sprechen, ich war gestern in ihrem Gästezimmer – nur so aus Neugier – und habe dort Johannas steinernes Herz gefunden. Das ist ein Geschenk ihres Vaters, er hat es ihr mal in Bologna gekauft, als wir Ferien am Ortasee gemacht haben. Seit der Zeit hat sie es immer bei sich gehabt und immer gehütet. Wenn sie ihr Herz hier gelassen hat, will sie wiederkommen – sie *wird* wiederkommen, da bin ich ganz sicher.«

Ihre Stimme hatte einen metallenen Klang bekommen, für einen Moment war alle Freundlichkeit wie weggewischt. Rehberg erschrak ein wenig. „Mutter-Tochter-Geschichten", versuchte er sich zu beruhigen, wusste aber, dass damit nicht alles zu erklären war.

Sie schwiegen eine Zeit. Beiden war klar, dass sie eigentlich zu dritt waren. Sie stand auf, sagte, der Flur müsse mal gewischt werden, die Bäder könnten es auch gebrauchen. Rehberg hatte als Haushilfe die Frau des Hausmeisters der benachbarten Schule. Sie kam jedoch nur unregelmäßig, immer wieder war eines ihrer Kinder krank. Rehberg tröstete sich mit der Überlegung darüber hinweg, dass er schließlich die Wohnung meist allein nutze und deshalb im Grunde gar nichts schmutzig werden könne.

Er hörte Beatrice herumwerkeln, bis er wieder einschlief.

Als er aufwachte, stand sie mit einem Tablett in der Tür, auf dem zwei Teller dampften. Als hätte sie den Moment gekannt, in dem er aufwachen würde! Rehberg entschuldigte sich, dass er noch etwas verschlafen sei, und teilte ihr mit, dass er das Gefühl habe, wieder völlig gesund zu sein. Am liebsten würde er kurz duschen, sich anziehen und dann mit ihr im Wohnzimmer am Tisch essen.

»Na prima«, sagte sie und verschwand in Richtung Küche. Rehberg ging in sein luxuriöses Bad, zog den durchgeschwitzten Schlafanzug aus und ging in die Dusche, wo er auch die seitlichen Brauseköpfe anstellte und sich von ihrem Mehrfachschwall massieren ließ. Endlich spürte er seine Haut wieder, seinen Körper!

Stirb und werde! dachte er.

Sie saß im Wohnzimmer, an dem Tisch mit den Granitplatten, legte das Buch, in dem sie gerade las, beiseite und blickte ihn mit erwartungsvollem Lächeln von oben bis unten an. Auf dem Tisch stand eine dampfende Suppenschüssel. Nun wusste er auf einmal, was er tun musste: Er ging zu ihr, nahm ihre Hand und küsste sie mit der Bemerkung, dass man der Hand, die einem so viel Gutes tue, doch auch etwas Gutes zukommen lassen müsse. Als er wieder zu ihr aufblickte, sah er, dass sie rot geworden war.

Davon etwas verwirrt, ging er um den Tisch herum, setzte sich ihr gegenüber und sagte dann anerkennend: »Das duftet ja verlockend!« Er bat um ihren Teller und tat ihr und sich auf.

Dann wollte er wissen, was sie denn alles in die Suppe getan habe.

»Jedenfalls kein Haar«, sagte sie, »hoffe ich jedenfalls!« Worauf er lachte und die heilende Wirkung ihrer Suppen lobte.

Am nächsten Tag hatte Rehberg schon fast vergessen, dass er jemals durch eine Erkältung beeinträchtigt gewesen war. Er war immer wieder erstaunt, wie wenig Gedanken man sich in der Regel über die Voraussetzungen machte, gesund zu bleiben, wenn man gesund *ist*. Dann lebt man wie selbstverständlich. Aber bei einer Krankheit muss man sich in jedem Augenblick mit ihren Beeinträchtigungen auseinandersetzen.

Aber nicht nur seine Erkältung war weg, auch Beatrietsche (wie er sie bei sich nannte) war nicht gekommen. Seine schöne, große Wohnung kam ihm nun leer vor, nichts duftete, nichts dampfte. Er hörte keine Schritte, statt ihrer klaren Stimme gab es nur Stille. Wenigstens mischten sich darin, wenn auch gedämpft, die Geräusche der Straße. Er versuchte, sie anzurufen, erwischte aber nur ihren Anrufbeantworter. Ihr Ansagetext war nicht unoriginell, anders als bei den meisten, wo man die erhellende Neuigkeit erfuhr, dass der oder die Angerufene zur Zeit leider nicht zu Hause sei, man aber nach dem Piepton eine Nachricht hinterlassen könne, um dann zurückgerufen zu werden. Beatrice dagegen bat um eine gute Nachricht und versprach, darauf zu antworten. Rehberg teilte ihr mit, dass er nicht wüsste, ob es eine gute Nachricht sei, wieder gesund zu sein, denn dadurch werde er nun allein gelassen. Offenbar könne er nur als Patient bei ihr Erfolg haben, nicht aber als gesunder Mensch und Mann.

Als er nach einigen Erledigungen aus der Stadt zurückkam, freute er sich über ihr Lachen auf seinem Anrufbeantworter: Nein, das sei keine schlechte Nachricht, man müsse aber wohl geduldig sein, es sei doch noch alles im Fluss, die Botschaften noch nicht gänzlich entschlüsselt. Aber sie werde morgen kommen, am Freitag gäbe es Fisch, das sei doch wohl in Ordnung? Er rief sofort zurück, sie telefonierten zwei

Stunden lang, und als er sich in sein frisch bezogenes Bett legte, versuchte er, den Inhalt ihres Telefonats zu rekapitulieren. Darüber schlief er ein.

Am nächsten Morgen gegen elf signalisierte ein Klingeln an der Haustür ihr Kommen. Erfreut griff er zum Hörer der Gegensprechanlage. Eine heisere, kleine Stimme sagte: »Ich bin es, Johanna«.

Rehberg sauste die Treppe hinunter, nahm ihr ihre große Tasche ab und stieg hinter einer hustenden und schniefenden Johanna die Treppen hoch, wobei er mit ihr und dem schwanzwedelnden Anaximander auf jedem Absatz eine Pause machen musste.

»Pardon, ich bin richtig groggy!«, bekam sie im Flur heraus. Anaximander war schon in die Küche getrottet, um die Verpflegungslage zu erschnüffeln. Sie ging schnurstracks in ihr Zimmer, wickelte sich aus den Tüchern ihres Turbans, zog ihre Jacke aus und ließ sich hustend auf das Bett sinken. Während sie die linke Hand vor den Mund hielt, nahm sie mit der rechten ihr Steinherz. Sie fasste es an, als ob sie daran Halt finden könnte. Mit einem Nicken legte sie es auf seinen Platz zurück und erklärte, sie müsse das Hospital Rehberg in Anspruch nehmen.

Immer, nickte er, holte seinen (ihren) Bademantel, kündigte Tee und Orangensaft an, und sie verließ ihn, um zu duschen. Er legte ihr einen seiner dickeren Schlafanzüge hin und ging in die Küche.

Wo wohl Beatrietsche blieb?

Als er mit dem Tablett in ihr Zimmer kam, lag Johanna im Bett. Sie hatte seinen Schlafanzug angezogen und dankte ihm hustend und schniefend für seine hellseherischen Fähigkeiten, denn sie hätte gar nichts Brauchbares mehr als Kleidung fürs Bett gehabt.

»Jetzt erst mal Ruhe, viel Ruhe«, sagte er, »wir kriegen das schon wieder hin. Ich habe das auch gerade überstanden, übrigens mit Hilfe der Frau Mama. Sie hat mich mit altdeutscher Kraftkost ganz schnell wieder gesund gemacht. – Ihre Mutter wollte übrigens heute Mittag mit Fisch kommen.«

»Dann habe ich doch ihr Auto gesehen!«, meinte Johanna, »ich war mir nicht ganz sicher.«

»Wo haben Sie denn das Auto gesehen?«

»Hier unten in der Scharrnstraße!«

»Hm«, machte er, »ich versuche mal, sie auf dem Handy zu erreichen.«

Hier meldete sich wieder nur ihre freundliche Stimme auf der Voicebox, die um eine gute Nachricht bat.

Wäre das eine gute Nachricht für sie gewesen, dass ihre Tochter bei ihm war? Möglicherweise war sie ja weitergefahren, als sie ihre Tochter vor seiner Haustür gesehen hatte! Er rief sie noch einmal zuhause an und berichtete, dass Johanna bei ihm sei, jetzt auch erkältet. Er könne natürlich verstehen, dass sie nicht zweimal hintereinander die Samariterin spielen wolle; er würde sich aber sehr freuen, wenn sie vorbeikäme – er würde ihr dann helfen, die Patientin zu „bemuttern".

Nach einer Stunde kam Beatrice mit ihrem Fisch. Sie habe noch einmal umkehren müssen, weil sie etwas vergessen habe, dadurch sei es später geworden.

»Wir sind nicht auf der Flucht«, bemerkte er.

Beatrice von Stein ging zu ihrer Tochter.

»Na, mein Kind, es hat dich ja ganz schön erwischt!«, stellte sie fest.

»Tag, Mama, schön, dass du gekommen bist.«

»Ich mach uns erst mal was zum Essen.«

Rehberg fiel eine gewisse Befangenheit der Frau von Stein

auf. Sie werkelte in der Küche, fragte nach einer Jenaer Glasschüssel, nach Gewürzen und nach Fischbestecken und stellte fest, dass es Johanna viel ernster erwischt habe als Rehberg. Wenn dieser katastrophale Husten nicht nachlasse, müsse man wohl morgen einen Arzt rufen.

»Ich brate erst einmal ein kleines Filet für Johanna, Sie und ich können dann in Ruhe am Tisch essen.«

Johanna bemerkte, dass sie eigentlich gar keinen Hunger habe, als ihre Mutter mit dem Tablett an ihr Bett trat.

»Ein bisschen solltest du schon essen, damit du wieder zu Kräften kommst.«

»Ja, das muss sein!«, pflichtete ihr Rehberg bei, bat die Patientin, sich etwas aufzurichten und schob ihr ein weiteres Kissen in den Rücken. Er sah, dass ihre Augen in eine unbestimmte Ferne gerichtet schienen, ihr Gesicht war bleich, die roten Flecken auf ihrer Stirn wirkten wie aufgelegt. Als hätte man sie für eine Rolle in einer Tragödie vorbereitet, dachte er kurz, schalt sich aber sofort für diesen bösen Gedanken. Johanna bemühte sich sichtlich, etwas zu essen, blickte dann aber ihre beiden Pfleger mit einem Blick an, der um Entschuldigung bat, gab den noch halb vollen Teller zurück (»Naxi wird sich freuen!«) und bat Rehberg, das zweite Kissen hinter ihrem Rücken wieder wegzunehmen. Dann ließ sie sich erschöpft zurücksinken.

»Soll ich dir noch etwas bringen?«, fragte ihre Mutter.

Johanna schüttelte den Kopf.

»Dann erhol dich jetzt, schlaf erst mal!«

Die Patientin nickte mit schon geschlossenen Augen.

Rehberg und Beatrice aßen fast schweigend.

»Das sieht ja gar nicht gut aus mit ihr«, brachte er schließlich heraus. Sie nickte dazu.

Als sie ihre Mahlzeit beendet hatten und Rehberg sich

bedankte und versicherte, dass es wieder köstlich gewesen sei, brach es aus ihr heraus:

»Musste es denn so weit kommen, musste sie bis zum letzten Augenblick warten, bis sie sich meldet? Sie hat sich das doch in irgendwelchen unbeheizten Löchern geholt! Kein anständiges Essen, kein warmes Wasser, keine richtige Hygiene, kein anständiges Bett – da muss man sich nicht wundern!«

»Ich habe das auch in dieser schönen Wohnung bekommen«, wandte Rehberg ein.

»Ja, aber Sie haben sofort etwas dagegen unternommen. Johanna hat doch die Sache verschleppt, es sieht mir jedenfalls ganz danach aus!«

»Vielleicht hat sie gehofft, dass sie gesund werden würde, ohne uns behelligen zu müssen?«, mutmaßte er. »Oder sie hatte einen anderen, Grund, erst so spät zu kommen, den wir nicht kennen?« Dann versuchte er ein Lächeln und sagte: »Wie auch immer – jetzt wollen wir sie erst einmal gesund kriegen!«

Daran arbeiteten die beiden dann auch eine gute Woche. In den ersten Tagen schien die starke Erkältung sie nicht loslassen zu wollen. Am Morgen des vierten Tages hörte Johanna auf zu husten. Immer wieder hatten sie überlegt, einen Arzt zu rufen, aber Johanna hatte immer wieder abgewehrt: »Nicht nötig, das will ich nicht!« Ab dem vierten Tag dann hatte Rehberg das Gefühl, dass sie ihre Krankheit geradezu abschüttelte. Vielleicht half auch, dass sich das Wetter änderte, denn am Morgen des vierten Tages brach die Sonne durch die Wolken und fand ihren Weg auch in Johannas Krankenzimmer. Sie lag ruhig in diesem wärmenden Licht und konnte auch wieder lächeln, wenn er an ihr Bett trat.

Beatrice hatte den Haushalt unter ihr sorgendes Regiment

genommen. Jeden Tag ließ sie sich ein anderes ausgefallenes Mittagessen einfallen, achtete aber auch darauf, dass die Mahlzeiten leicht waren, und verwöhnte die beiden abends mit besonderen Salaten (»Nicht blähend«, wie sie betonte).

Am fünften Tag saß Johanna schon wieder mit am Tisch. Nach zwei weiteren Tagen schien ihr die Welt neu geschenkt. Als ihre Mutter ihr mit ernstem Gesicht die neue Ausgabe der Lokalzeitung brachte und ihr wortlos die Seite mit den Traueranzeigen hinhielt, fand Johanna sehr schnell die Anzeige mit der Überschrift *Jetzt haben wir dich endgültig verloren*. Edmund und Monika Kirchhof informierten über den tragischen Tod ihres Sohnes Bodo.

»Also doch!«, sagte Johanna leise zu sich. Sie hatte Tränen in den Augen.

»Was meinst du damit?«

»Ich habe ja nicht gewusst, wie ernst es ihm war. Er hat zwar immer wieder davon gesprochen, ich bin deshalb ja auch in seiner Nähe geblieben – ich habe aber gehofft, dass er es nicht tun würde, auch wenn ich weggehe.«

»Jetzt will ich dir mal was sagen.« Beatrice setzte sich an ihre Seite. »Es ist gut, dass unser Gastgeber gerade nicht hier ist – ich schleppe das nun schon seit Jahren mit mir rum und habe es dir nie gesagt, weil ich dich schonen wollte – das war aber vielleicht falsch.«

Ihre Tochter blickte sie nur ruhig an und sagte nichts.

»Du musst wissen, dass sich dein Vater deinetwegen das Leben genommen hat! ... So, jetzt ist es raus!«

»Das ist ja abenteuerlich, was du mir da sagst!« Ihre Tochter schrie es fast.

»Leider ist es die Wahrheit! Und leider muss ich dir auch sagen, dass du nicht ganz unschuldig daran bist!«

»Und was soll ich getan haben? Ich bin immer bestens

mit ihm ausgekommen! Sagst du das jetzt nur, weil du eifersüchtig gewesen bist? Manchmal hatte ich nämlich den Eindruck!«

»Ja, ich war eifersüchtig, aber es war nicht die übliche Eifersucht einer Mutter auf ihre Tochter. Du musst wissen, dass dein Vater schon lange vor seinem selbstgesetzten Lebensende nicht mehr mein Mann war, seelisch nicht und körperlich auch nicht. Er hat nur noch dich geliebt! Was heißt geliebt – er begehrte dich, wenn du weißt, was ich damit meine!«

Johanna sprang auf. »Das ist ja krank!«

Ihre Mutter blieb ruhig. »Ich wusste, dass dies schwer wird – für dich, aber auch für mich! Setz dich bitte wieder!«

Die beherrschte Reaktion ihrer Mutter dämpfte auch Johannas Wut. Sie setzte sich wieder. Auf keinen Fall würde sie sich durch ihre Mutter aus der Fassung bringen lassen!

»Du hast offenbar nie darüber nachgedacht, was deine – nun sagen wir mal: Offenherzigkeit – bei deinem Vater – und bei anderen Männern – ausgelöst hat?!«

Sie hatte das Wort Nacktheitswahn, das ihr fast über die Lippen gekommen wäre, im letzten Augenblick unterdrückt.

»Dein Vater hatte nur noch Augen und Sinne für dich, aber du weißt ja, was für ein moralischer Mensch er war. Er hätte sich niemals erlaubt, sich seiner Tochter intim zu nähern – du kanntest ihn ja. Aber er hat es mit jeder Faser gewollt, weil er dir völlig verfallen war. Und du? Du hast vor ihm fröhlich herumgeträllert, du bist vor ihm wie als Kind, als Baby Paradise, nackt herumgetollt … Du hast offenbar niemals ein Empfinden dafür gehabt, was du damit in ihm ausgelöst hast … Du hast ihn in die Arme genommen und warst lieb und verständig zu ihm, hast aber keine Ahnung davon gehabt, dass er das immer auf einer ganz anderen Ebene erlebt hat als du. Jede deiner Liebesbekundungen hat seine Lage noch verzweifelter gemacht.

Ich habe keinen Zweifel daran, dass du ihn nur als Tochter geliebt hast – aber dadurch bekam er ja immer nur einen winzigen Zipfel von dem, was er mit jeder Faser eigentlich wollte.«

»Darf ich dich fragen«, unterbrach ihre Tochter sie, »warum du darüber nie mit ihm gesprochen hast, und auch niemals mit mir?«

»Das habe ich doch, das habe ich ja mehrfach getan! Weißt du noch, als du da fast unbekleidet auf dem Heimtrainer gestrampelt hast ... ich hatte dich darum gebeten, normale Sportkleidung anzuziehen – aber du wusstest es ja besser! «

»Ich fand deine Ermahnungen einfach nur spießig. Ich habe doch nie gewusst, wie sich Papa dabei fühlte – das hättest du mir sagen müssen!«

»Hätte ich das? Stell dir mal vor, ich hätte dir gesagt, dein Vater liebt dich, also so richtig, nicht nur als Vater: Hättest du mir geglaubt? Oder hättest du das nicht als Ausgeburt mütterlicher Eifersucht gesehen, genauso wie du es ja eben gerade getan hast! Aber nehmen wir mal an, du hättest mir geglaubt – dann hätte ich doch unsere Familie kaputt gemacht!

Deine so schöne Beziehung zu Papa wäre kaputt gewesen! Er hätte sich entlarvt gefühlt, und ich wäre schließlich der Sündenbock gewesen.« Sie schwieg.

»Es war eben nicht möglich, das Ganze offen zu behandeln. Deshalb musste ich mich auf Ermahnungen und Hinweise verlegen. Ich habe Papa auch offen gefragt, was los war, als zwischen uns nichts mehr lief. Ich bin sogar so weit gegangen, ihn zu fragen, ob er eine andere oder vielleicht einen anderen hätte, es ließe sich doch über alles reden. Er hat das dann entrüstet von sich gewiesen. Dann habe ich ihn gefragt, ob er mit dir Schwierigkeiten hätte. ›Wo denkst du hin?‹, hat er geantwortet. ›Johanna ist für mich die ideale Tochter!‹ – was ja in gewissem Sinne nicht ganz falsch war. Jedenfalls zeigte mir seine Reaktion, dass ich das eigentliche Problem nicht direkt ansprechen konnte.« Wieder schwieg sie. »Dann kamen noch zwei weitere Überlegungen hinzu: Zum einen war ich mir völlig im Klaren darüber, dass du in keinem Augenblick gefährdet warst, dafür war er einfach zu moralisch – zu edel, wenn du willst. Und dann habe ich mich immer mit dem Gedanken getröstet, dass seine Gefühle für dich eines Tages wieder ins Lot kommen würden, spätestens dann, wenn du einen Freund gefunden hättest, mit dem es ernst würde.«

Sie überlegte, als müsste sie ihre damalige Gedanken- und Gefühlswelt auf nicht mitgeteilte Reste untersuchen.

»Ja, und dann habe ich natürlich nicht im Entferntesten daran gedacht, dass er sich etwas antun würde. Daran habe ich doch niemals denken können. Hätte ich das auch nur geahnt, hätte ich mit Sicherheit die Sache offen auf den Tisch gelegt – selbst um den Preis, dass unsere Familie auseinandergebrochen wäre.«

Während ihre Mutter sich offenbarte, empfand Johanna zum ersten Mal so etwas wie liebevolle Hochachtung vor ihr. Ihr war inzwischen klar geworden, dass ihre Mutter ihr die Wahrheit gesagt hatte und dass sie sich – aus ehrbaren Motiven – konsequent verhalten hatte. Zum ersten Mal, seitdem sie ihre Kindheit hinter sich gelassen hatte, griff sie nach der Hand ihrer Mutter, streichelte sie und sagte nur: »Danke!«

Beide schwiegen eine Weile, dann sagte ihre Mutter: »Das alles ist Vergangenheit, jeder von uns muss damit nach seiner Art umgehen. Das eigentlich Wichtige sind die Lehren, die man daraus für die Zukunft zieht. Und für dich bedeutet das, wenn ich das jetzt mal sagen darf, dass du lernen musst, deine Wirkung auf andere, vor allem auf die Männer, zu berücksichtigen. Du übst nun mal wegen deiner Weiblichkeit und deiner unschuldigen Art eine besondere Faszination auf Männer aus. Lass' sie keine Versprechungen aus deinem Verhalten herauslesen! Grenze dich mehr ab, oder besser: Mach' Männern, die du kennenlernst, klar, dass nichts läuft – es sei denn, du begegnest dem, der es sein soll.«

»Ich glaube, ich möchte jetzt erst mal mit Naxi einen langen Spaziergang machen.«

»Tu' das, ich warte hier auf Herrn Rehberg und bereite uns dreien für heute Abend etwas vor.«

Johanna zog ihre Jacke und Stiefel an, nahm die Schlüssel vom Fensterbrett und machte sich mit Anaximander auf den Weg.

»Das ist ja ein ganz ungewohntes Gefühl, sich auf zwei Menschen in seiner Wohnung freuen zu dürfen«, rief Rehberg schon im Flur aus, als er seinen Mantel auszog, »wollen wir zur Feier des Tages mal einen kleinen Port trinken?«

»Gern – ich hatte schon dieselbe Idee!«

Beatrice führte den Hausherrn mit einer leichten Berührung am Arm in das Wohnzimmer.

»Der Tisch ist gedeckt, der Kamin brennt – jetzt werde ich nur noch weggehen, damit ich diese Rückkehr erleben kann! – Wo ist denn unsere Rekonvaleszentin?«, wollte er dann wissen.

»Die Rekonvaleszierte führt ihren Vierbeiner spazieren. Ist auch gut, dass sie mal an die frische Luft kommt. Außerdem hatten wir ein intensives Gespräch – aber keine Sorge, es ist alles friedlich verlaufen. Ich habe den Mut gefunden, ihr die Wahrheit über die Selbsttötung ihres Vaters zu sagen. Ausgelöst wurde das durch diese Traueranzeige für Bodo Kirchhof.«

Sie gab Rehberg die aufgeschlagene Zeitung. Er las die Todesanzeige aufmerksam und sagte dann: »Also doch, das ist ja fürchterlich, die armen Eltern! Wie hat Johanna das aufgenommen? Fühlt sie sich irgendwie schuldig? Vermutlich hat er das ja getan, nachdem sie ihn verlassen hat?«

»Wahrscheinlich. Nachdem ich ihr das mit ihrem Vater erzählt habe und sie das schließlich auch akzeptiert hat, kann sie sich ihren eigenen Reim auf den Tod ihres Freundes machen. Es steht mir auch nicht zu, da irgendwas zu vermuten. – Sie hatten übrigens Recht: Sie ist erst so spät hierher gekommen, weil sie möglichst lange für Bodo da sein wollte.«

An diesem Abend sprach man über hundert Dinge, aber mit keinem Wort über das, worum die Gedanken aller kreisten. Zwischendurch konnten sie sogar miteinander lachen.

Beatrice trank mehr als die beiden anderen. »Du kannst jetzt aber nicht mehr fahren«, stellte ihre Tochter fest, als sie den Abend beendeten.

»Will ich auch nicht. Kann mir jemand eine Taxe bestellen?«

»Ich fahre Sie«, sagte Rehberg.

»Mir geht es richtig gut«, bemerkte Beatrice, als sie sich ihrer Wohnung näherten, »mir ist eine Zentnerlast von der Seele gefallen. Johanna muss nun sehen, wie sie damit umgeht. – Musste ich ja auch! – Aber ich muss mich entschuldigen, dass ich so viel getrunken habe, das ist mir seit Jahren nicht mehr passiert!«

»Das ist in dieser Situation doch absolut verständlich!«

»Gibt es auch etwas, wofür Sie kein Verständnis haben?«

»Ja, gibt es! Zum Beispiel, dass wir noch immer Sie zueinander sagen!«

Sie waren vor ihrem Haus angekommen. »Das lässt sich

beheben«, sagte sie, stieg aus dem Auto und gab ihm einen Kuss. »Ich heiße Beatrietsche!«

»Ich habe diese Version doch nur aus Spaß benutzt!«

»Das spricht sich herum, klingt ja auch viel lustiger als das französische „Beatrieß". Ich revanchiere mich mit „Richie"!«

»Also, Beatrietsche, schlaf gut«, verabschiedete er sich an der Haustür.

»Night, Richie!«

Rehberg findet seine Wohnung in tiefem Schlaf vor. Eine Leuchtstoffröhre über der Arbeitsfläche in der Küche, eine kleine Lampe im Wohnzimmer geben ihm noch Orientierung. Er geht leise in die Küche und holt sich ein Glas Mineralwasser. Als er an Johannas Zimmer vorbeigeht, winselt Anaximander leise.

»Willst du wohl dein Frauchen nicht stören!«, zischelt er an der Tür. Der Hund scheint ihn zu verstehen, denn er gehorcht. Im Ankleidezimmer stellt er das Wasserglas ab und zieht sich aus. »Eigentlich solltest du noch mal duschen«, denkt er und schließt leise die Tür vom Ankleidezimmer zum Flur. Nach dem Duschen holt er sich einen frischen Schlafanzug und löscht das Licht im Badezimmer.

Er ist überrascht, dass die Faltrollos in seinem Schlafzimmer schon heruntergelassen sind.

Ein Gruß von Beatrice oder eine Überraschung von Johanna?

Zwischen dem Faltrollo und der Wand stiehlt sich noch das Licht der Straßenlaterne in den Raum, seine Augen folgen dem ungewissen Schein, der undeutliche Schatten an die Wand wirft.

Und auf sie.

Sie liegt auf seinem Bett. Baby Paradise.

Er wundert sich nicht, erschrickt auch nicht. Es ist eben jetzt eine Realität, die sich so ergeben hat, aber auch nicht hätte ergeben können. Er merkt, wie klar er ist, wie gegenwärtig. Alle seine Wünsche sind von ihm abgefallen.

»Komm!«, sagt sie.

Er legt seinen Schlafanzug auf den Biedermeierstuhl, der ihm als Nachtischablage dient, und kniet vor ihrem Bett nieder.

»Jungfrau zu Jungfrau«, sagt sie, »was soll da schief gehen?«, nimmt seine Hand und führt sie in die Sphinx-Landschaft, die sich – vor wie langer Zeit? – ihm entgegengewölbt hatte.

Er weiß nicht, wo er entlanggeführt, wo er hingeleitet wird.

Wo strecken sich diese langen Ebenen?
Endlich! – Plötzliche Aufstiege – Tiefenahnungen
– Warum das Erschrecken? – Musste doch so
kommen! – Welche Verwöhnungen hier wohnen!
– Atmet sie so schwer, oder spielt dir dein Tinnitus
einen Streich?
– Man muss doch wohl etwas erwarten dürfen!
– Neues Erstaunen. Was ist das?
– Sie dreht sich, führt ihm andere Landschaften zu
– eine Wahnsinnsidee! Ist die Landschaft gegenüber
noch verheißender? Wo ist er denn jetzt ? –
Erkundungen über Erkundungen!
– Das kann es doch
nicht sein – oder doch? So warmhäutig,
dieses Gelände! – – – – Wo liegt denn
dieser tiefe Brunnen? – Hach, das muss der
Flammenteppich sein! – Ach nein, dann eben nicht! –
In *der* Nachbarschaft schwer vorstellbar! –
Komm, ich führe dich zurück, nein, nicht da lang,

hier, hier spielt die Musik! ! – Ist doch nur ein Anfang, so eine Art Kostprobe – Gefährliches Territorium? – Unfug! Ja, natürlich, alles Gefahr ! Hab doch Vertrauen ! – Ist eigentlich nichts dabei, wird seit Jahrtausenden so gemacht, ein altes Spiel! Ja, so ist es, ein altes, neues Spiel, immer wieder neu, das ist es ja, das nie und immer alte oder das immer und niemals neue, wie du willst, wollen aber musst du schon, musst ja sagen, musst dich entscheiden – oder auch nicht! – ist alles frei, ich bin hier, fühl mich doch – ja, das ist die

Wahrheit!

Das Ringelnachthemd

Elisabeth von Hitzfeld schreckte nahezu senkrecht aus der Unruhe ihres oberflächlichen Schlafes.

Hatte es nicht an der Haustür geklingelt?

Und hatte der Hund nicht angeschlagen?

Sie tastete nach der alten Schreibtischlampe ihres Vaters, die sie als Nachttischlampe nutzte.

Halb Zwei.

Im Nachbarbett schlief ihr Mann, wie immer, fest eingerollt in seinen Kissenwust, ohne jedes Gespür für Gefahren und Bedrohungen. Und er schlief auch jetzt wieder in seinem bunten Ringelnachthemd, das sie besonders hasste.

Dieser Mann hatte etwas Animalisches an sich, etwas, das ihm beim Überleben half. Musste *sie* denn immer diejenige sein, die Gefahren witterte und ihn vor Schaden bewahrte? In ihr kam wieder das Bild von den unruhig züngelnden Flammen hoch, die das Schlafzimmerfenster ihres Hauses in Köln erleuchtet hatten. Auch damals hatte er fest geschlafen, bis sie ihn wachgerüttelt hatte. Er war ans Fenster gestolpert und hatte festgestellt, dass nur die Abfalleimer brannten – kein Grund zur Unruhe! Da war sie ausgerastet, und er hatte sich schließlich doch bequemt, das Feuer zu löschen. Anschließend war er wieder in sein Kissennest gekrochen, hatte dann nach ihr gefasst und »Alles in Ordnung!« gemurmelt, bevor er wieder einschlief.

Ja, ja, diese Adeligen verstanden es schon, die anderen für sich einzuspannen. Aber ohne bürgerliche Blutauffrischung wären sie längst untergegangen! Auch sie trug nun diesen Adelstitel – in einer Mischung von Ablehnung und Stolz.

Der liebe Gott, der Teufel und der Adel existieren nur, wenn man daran glaubt: Wie recht Heine damit gehabt hatte!

Frau von Hitzfeld beschloss, Klingeln und Hundegebell in das Reich ihrer unruhigen Träume zu verweisen, und drehte sich zur Nachttischlampe, um sie auszuschalten. Da klingelte es Sturm, und der Hund schlug erneut an, mit diesem untergründigen Angstgrollen, das sie das Aufrichten seiner Nackenbürste förmlich sehen ließ.

Nun rüttelte sie ihren Mann erneut wach, der etwas von »Immer aus dem tiefsten Schlaf!« knurrte. »Was ist denn nun wieder?«

»Es hat jemand an der Haustür geklingelt –um halb zwei, mitten in der Nacht! Vielleicht könntest du dich mal bequemen – auch zum Schutz deiner Frau – nachzuschauen, wer dort Einlass begehrt – um diese Stunde!«

Widerwillig schälte ihr Mann sich aus seinem Kissennest und suchte mit den Füßen nach seinen abgewetzten Hausschuhen. Jetzt klingelte es wieder, und auch der Hund schlug wieder pflichtgemäß an.

»Ja, ja, ich komme ja schon!«

Der Mahnung seiner Frau, die Brille aufzusetzen und seinen Morgenmantel anzuziehen, folgte er nicht. Die ganze Sache schien ihm zu nachrangig, und die Absicht, möglichst schnell zurückzukehren in sein warmes Kissengewimmel, hatte für ihn oberste Priorität. So taperte er die in vertrauter Tonfolge knarrenden Treppenstufen hinunter. Seine Frau hörte, wie er die Haustür aufschloss, mit jemandem sprach und danach die Treppentonleiter in umgekehrter Reihenfolge zum Klingen brachte.

»Was war? Wer war da?«, wollte sie von ihm wissen, während er sich wieder in seiner Kissenburg verschanzte.

»Natürlich Ivona mit ihrem Römer!«, antwortete er. »Sie hatte wohl ihren Schlüssel vergessen!« Damit zog er das Deckbett über seinen Kopf.

Im Treppenhaus kicherte jemand herum, dann hörte die Alarmierte, wie die Tür des Zimmers nebenan geöffnet und wieder geschlossen wurde, worauf unmittelbar ein eindeutiges Bettrumoren begann.

Elisabeth von Hitzfeld hielt sich in ihrem Alter für eine Menschenkennerin, und Ivona nahm auf der Skala ihrer Hochschätzung anderer einen oberen Platz ein. Seit gut einem halben Jahr wohnte die sympathische junge Polin nun bei ihnen in der kleinen Gästesuite zwei Türen weiter, half neben ihrem Studium im Haushalt, wo immer sie konnte, und zur Beruhigung der Gastgeber hatte es nie Herrenbesuch gegeben. Bis Ivona vor zwei Wochen gestand, sie hätte einen jungen Italiener aus Rom als Internetbekanntschaft ausgemacht, der sie besuchen wolle, und ob er „hier im Haus" ein paar Tage wohnen dürfe.

»Einmal muss es ja doch sein«, hatte sich Elisabeth von Hitzfeld gesagt und zugestimmt. Eine Entscheidung, die sie nach Inaugenscheinnahme des jungen Mannes nicht bereute, denn „der Römer" (wie das Ehepaar den jungen Mann bald nannte) erwies sich als schicker, charmanter und äußerst rücksichtsvoller Gast, so dass keine Gründe dagegen sprachen, ihn in der kleinen Wohnung Ivonas mitkampieren zu lassen.

Vor zwei Tagen war er jedoch, reichlich mit Wegzehrung ausgestattet, nach Rom zurückgefahren.

Sollte er zurückgekehrt sein, ohne dass Ivona sie darüber informiert hätte?

Und: Wenn dieses Unwahrscheinliche geschehen sein sollte, warum waren die beiden dann nicht still in Ivonas kleine Suite gegangen, wie sie es immer taten, sondern in das Zimmer direkt neben dem Schlafzimmer des Ehepaares?

Auch passte das Gerammel nebenan überhaupt nicht zum zurückhaltenden Verhalten der beiden, das die Hitzfelds so zu schätzen gelernt hatten. Irgendetwas stimmte da doch nicht! In diesem Augenblick wurde die inzwischen Hellwache jäh aus den Zweifeln an ihrer Menschenkenntnis herausgerissen. Jemand schrie auf dem Flur um Hilfe. Sie rüttelte ihren Mann wieder wach, warf sich ihren Bademantel über und eilte auf den Flur, wo sie Ivona sah, die in der offenen Tür ihrer Suite stand und mit erschrockenen Augen auf die Tür des Nachbarzimmers wies.

»Sie sind das ja gar nicht!«, rief die Hausherrin aus. Ein Gefühl der Befriedigung über die Unbeirrbarkeit ihrer Menschenkenntnis mischte sich in ihr mit dem Erschrecken darüber, dass da Fremde in ihr Haus eingedrungen sein mussten.

Inzwischen war auch der Hausherr ganz wach geworden, hatte nun seine Brille aufgesetzt, ebenfalls seinen Morgenmantel angezogen und folgte jetzt unverzüglich der Aufforderung seiner Frau, „diese Leute da" aus dem Haus zu bringen. Er öffnete die Tür zu dem ganz klar widerrechtlich okkupierten Zimmer, suchte an der Seitenwand nach dem Lichtschalter (wobei er sich schwor, die immer wieder hinausgeschobene Verlegung des Lichtschalters an die Eingangstür nun sofort in Auftrag zu geben). Dann sah er im Licht der Deckenlampe ein junges Paar in dem alten Holzbett, wobei die von ihm mit entschlossenem Griff besorgte Ent-Deckung der beiden einen völlig nackten Mann und eine sehr attraktive junge Frau, die nur noch eng anliegende Jeans trug, zum Vorschein brachte.

»Verlassen Sie sofort unser Haus, oder wir rufen die Polizei!« Auch Frau von Hitzfeld hatte das Zimmer betreten.

»Was heißt hier „oder“, rief der Hausherr entschlossen, »das machen wir jetzt sowieso!«

Mit diesen Worten knarrte er wieder die Treppe hinunter und wählte die Nummer des Reviers in der Nachbarschaft, um das Eindringen von Fremden in sein Haus zu melden. Wie die Leute denn in das Haus gekommen seien, wollte der diensthabende Beamte wissen. »Na, durch die Haustür natürlich«, antwortete Hitzfeld, »ich habe sie ja selbst reingelassen!«

»Dann lassen sie die Leute doch wieder durch die Haustür raus!«, riet der Polizist in neupreußischem Humor, wie er nun selbst im zwischendurch realsozialistischen Teil von Berlin hin und wieder zu finden ist.

Dem Anrufer verschlug dieser ebenso unerwartete wie vernünftige Ratschlag so die Sprache, dass er den Hörer gleich wieder auflegte.

Inzwischen hatte sich das fremde Paar wieder angezogen, und der junge Mann geleitete seine Partnerin die Treppe hinunter, um mit ihr das Haus zu verlassen.

»Ach, ich habe meine Jacke oben vergessen«, stellte sie in der Haustür fest, drehte sich um und ging gesetzt wieder die Treppe hoch.

Der junge Mann hatte sich inzwischen im Hauseingang auf die oberste Treppenstufe gesetzt und zündete sich eine Zigarette an. Hitzfeld stand hinter der halb offenen Haustür und fragte:

»Wie heißen Sie eigentlich?«

»Was geht Sie das an? – Nennen Sie mich einfach Boris!«

Der Name passte zu seiner erkennbar fremdländischen Mundart.

»Und wie kommen Sie hierher, woher kannten Sie unser Haus?«

»Aus der Zeit, als das russische Militär noch hier hauste.«

»Da sind Sie doch viel zu jung zu!«

»Ja, danke, meine Mutter hat für die Russen geputzt, und da hat sie mich als kleinen Jungen immer wieder mal mit hierher genommen. Ich kenne hier fast jedes Haus wie meine Westentasche – sagt man doch so in Deutschland? Die Russen waren übrigens alle sehr freundlich zu mir; wir haben viel miteinander gespielt.«

Inzwischen kam seine Partnerin mit ihrer Jacke die Treppe herunter. Hitzfeld stand in seinem Ringelnachthemd mit offenem Morgenmantel im Eingangsflur und blickte ihr entgegen. Ihm fiel ihre Eleganz auf. Eigentlich waren das ja ganz freundliche Menschen, verursachten keinen Ärger, hatten keinen Schaden angerichtet und machten nun sogar Anstalten, anstandslos wieder zu gehen. Odokar von Hitzfeld, der einer der ganz wenigen Menschen war, die ihr Christentum auch im Alltag zur Leitschnur nahmen, bekam Gewissensbisse, die beiden jungen Menschen in die kalte Nacht zu schicken.

»Wollen Sie nicht wenigstens noch einen warmen Kaffee trinken? Kommen Sie doch rein!«

»Erst rausschmeißen und dann wieder reinholen – nee, danke!«

Damit schnippte Boris seine Zigarette in den Vorgarten, hakte seine Partnerin unter und sagte: »Komm jetzt!«

Hinter dem Hausherrn stand seine Frau mit funkelnden Augen. »Das war doch wohl nicht dein Ernst, die Leute wieder in das Haus zu bitten! Zwei Eindringlinge, die sich hier vergnügen, uns den Schlaf rauben und vielleicht nur das Haus auskundschaften wollten für einen Einbruch!«

»Nein, das Haus kannten sie doch schon!«, erwiderte Hitzfeld kleinlaut und wollte seiner Frau berichten, was Boris ihm erzählt hatte. Aber er hatte keine Chance, zu Wort zu kommen. Erneut entlud sich ein Schwall von Vorwürfen, Belehrungen und Verwünschungen über das milde Gemüt des praktizierenden Christen. Er bekam wieder zu hören, dass es die vermeintlich Gutartigen seien, die das eigentliche Unheil in dieser Welt anrichteten. Mit ihrem ewigen Ja-Gesage unterdrückten sie jede Klarheit, mit ihren dauernden Zusagen, die sie dann aber nicht einhalten könnten, schafften sie nur Verwirrung und falsche Erwartungen. Dann endlich endete die Erzürnte ihre Kanonade mit der biblischen Ermahnung »Deine Rede sei Ja, Ja oder Nein, Nein – alles andere ist vom Bösen!«

Hitzfeld, in seinem völlig anders verstandenen Christentum durch einen Bibeltext widerlegt, versuchte seine aufgebrachte Frau mit dem deeskalierend gemeinten Vorschlag, sie sollten nun wieder ins Bett gehen, zu beruhigen. Aber so ganz hatten sich die Seelenspannungen seiner Frau noch nicht gelegt; er musste noch ein verbales Nachbeben über sich ergehen lassen, in dem es vor allem um seine schlafsüchtige Egomanie, sein unmögliches Aussehen in seinem Ringelnachthemd und um andere Zeichen seiner hemmungslosen Eigenliebe ging.

Am nächsten Morgen – die Hausherrin hatte kein Auge mehr zumachen können – klingelte es nur kurz an der Haustür, ein Schlüssel drehte sich im Schloss, und das freudige Bellen des Hundes ging in ein erwartungsvolles Winseln über. Frau von Hitzfeld wusste, dass dies ihre drei Häuser weiter wohnende Schwiegertochter war, die vermutlich wieder etwas zum Mittagessen brachte.

»Guten Morgen, du gute Seele!«, begrüßte sie die blonde junge Frau, der das Ehepaar von Hitzfeld drei ebenso blonde Enkelkinder verdankte, die zu ihren Großeltern herzlichen Kontakt pflegten, zumal das »Omchen« – wie sie ihre Großmutter nannten – sich auch verlässlich um ihre „Hasilein“ kümmerte, für die die drei Mädchen nicht immer die eigentlich erforderliche Zeit aufbringen konnten.

»Komm, ich muss dir was erzählen, dein Schwiegervater wird immer drolliger.« Dann bedankte sich Frau von Hitzfeld bei ihrer Schwiegertochter für die mitgebrachten Rouladen, brühte einen Tee auf, und die beiden Frauen setzten sich in den Wintergarten.

»Stell' dir vor, was heute Nacht – *heute Nacht*! – passiert ist!« Dann ergoss sich über die ungläubig zuhörende Essensstifterin, die eigentlich dringend in ihrem Büro erwartet wurde, der mit hoher subjektiver Dynamik vorgetragene Bericht über die Ereignisse der Nacht.

Gegen Ende des Berichts, der sich durch die Beantwortung zweifelnder Zwischenfragen der frühen Besucherin länger hinzog als eigentlich notwendig, trat der inzwischen angekleidete Hausherr in den Wintergarten, bestätigte die letzten Schilderungen seiner Frau und sagte, indem er sich Tee eingoss: »Wer würde einem diese Geschichte glauben?«

Die Schwiegertochter blickte mit einem lächelnden Schweigen von einem zum andern und sagte, dass sie die Geschichte glaube, so unwahrscheinlich sie auch klinge. »Aber jetzt müssen wir eure Anschrift ändern. Sie lautet nicht mehr Ernst-Thälmann-Straße 10, sondern *Herberge zum barmherzigen Puff!*«

Die Schwiegereltern, denen eigentlich gar nicht zum Lachen

zumute war, mussten dann doch in das Lachen ihrer Schwiegertochter einstimmen.

»Ihr wisst ja, dass hier in Karlshorst der damalige sowjetische Geheimdienst seinen Sitz hatte; die Geschichte eures Boris klingt mir deshalb durchaus glaubwürdig!«

»Ach«, sagte Hitzfeld darauf, »die junge Dame – deren Schick übrigens auffällig war – hat ihre Sonnenbrille liegen gelassen. Nimm du sie doch; irgendwas wirst du schon damit anfangen können!«

Die Schwiegertochter betrachtete die Brille von allen Seiten und bestätigte, dass es sich um ein Designerstück handele, das sicher sündhaft teuer gewesen sei.

»Ich habe sie übrigens nach ihrem Namen gefragt. Erst hat sie die Antwort verweigert, dann hat sie sich als Tochter des Architekten Tamanke zu erkennen gegeben, das würde mir sicher etwas sagen.«

»Tamanke?«, wiederholte die Schwiegertochter, »das ist doch der Architekt unseres neuen Hauses. Er will in den nächsten Tagen vorbeikommen, dann kann ich ihm die Brille mitgeben.«

Zwei Stunden später kam endlich Sergej, um die lange versprochene Starkstromleitung zur Versorgung des neuen Küchenherdes der Hitzfelds zu installieren. Sergej war nach dem Abzug der Russen aus den neuen Bundesländern in Deutschland geblieben, hatte eine Elektrikerlehre absolviert und war den Hitzfelds in allen Fragen der Stromversorgung ihres Hauses immer zu Diensten. Allerdings lebte er ohne Papiere in Deutschland. Auf die Frage des Hausherrn, wie man denn ohne Papiere so durchkomme, antwortete Sergej, das sei ganz einfach: »Drei Dinge wichtig sind: Erstens immer gut angezogen, zweitens nicht selbst Auto fahren – dann keine Polizei – und dann immer gültiges Ticket in Straßenbahn.«

»Und was machen Sie, wenn Sie krank werden?«

»Dann hilft Krankenversicherung von Freund – zur Not! Aber meistens ich zahle bar, garantiert gute Behandlung!«

Odokar von Hitzfeld erinnerte sich in diesem Zusammenhang daran, dass Sergej bei einer strafbaren Sache erwischt und ausgewiesen worden war. Acht Wochen später war er dann aber mit neuer Identität wieder aufgetaucht und war weiterhin seinen nützlichen Handwerkeraktivitäten nachgegangen.

Dann hatte Sergej den Hitzfelds von der Unterstützung seiner Eltern in Moldawien berichtet, wo sein Vater eine kleine Autoschlosserei betreibe. Erst habe er den Geldtransfer mit Hilfe eines Post-Kurierflugzeugs über den Flugplatz Eberswalde abgewickelt, dann befreundete „Touristen" mit der Überbringung des Bargelds betraut. So habe er seinen Vater auch immer wieder mit neuen Werkzeugen versorgen können, denn „dort gibt es ja nichts". Sergej hatte den Hitzfelds auch wiederholt von seiner „Braut" Androne erzählt.

Er musste sie wirklich lieben.

Sergej hatte Androne aus Moldawien nachkommen lassen; sie wollte hier aber nicht in der Illegalität leben. Da veranlasste Sergej einen deutschen Freund, Androne zu heiraten, und versprach ihm zwanzigtausend D-Mark dafür. Allerdings verstarb der frisch gebackene Ehemann so früh nach der Eheschließung, dass Androne die deutsche Staatsbürgerschaft nicht mehr urkundenfest erhielt. Daraufhin war sie, vermittelt durch Freunde ihres kurzzeitigen Ehemanns, nach Amerika ausgewandert, war aber schon nach zwei Jahren enttäuscht zurückgekommen. Nun hatte sie die deutsche Staatsbürgerschaft bekommen, blieb in Berlin wohnen und hatte – sicher ebenso wie Sergej – mit der Entfremdung von ihm zu kämpfen, wie auch er mit seiner unerlösten Liebe zu ihr. Sergej hatte inzwischen auch vom deutschen Fräuleinwunder genascht und unter anderen eine sehr aparte Musikstudentin kennengelernt, von der er weder richtig loskam, noch ihr ein klares „Ja" zu einer dauerhaften Verbindung abluchsen konnte. So pendelte er nun schon seit geraumer Zeit – seelisch und räumlich – zwischen den beiden Damen und fand partout keinen Ausweg aus dieser zwiespältigen Situation.

»Ach«, warf Hitzfeld da ein, »kennen Sie vielleicht einen Boris – den Nachnamen kenne ich leider nicht.«

»Wer Boris nicht kennt! Er Soldat gewesen wie ich. Nachdem die russische Armee weg, Boris wird Autohändler, dann – uh, uh, uh – er mit Rauschgift gehandelt« (hierbei machte Sergej schützend-abwehrende Armbewegungen). Schlagartig war Hitzfeld nun der Grund für das eigenartige Verhalten der nächtlichen Besucher klar, und er hatte noch mehr nachträgliches Mitleid mit ihnen.

Natürlich gab es noch viele Freunde und Bekannte der Hitzfelds, denen die Geschichte von dem nächtlichen Besuch zu erzählen war. Aber diese Erzählungen wandelten ihren Charakter. Die ersten Berichte der Elisabeth von Hitzfeld hatten mehr den Charakter einer gleichzeitigen Verurteilung ihres Mannes wegen pseudochristlicher Weltfremdheit, verwandelten sich aber später in ihrer beider Erzählungen in einen Bericht über ein gemeinsam bestandenes Abenteuer.

Eines Tages berichtete ihre Schwiegertochter von einem Treffen mit dem Architekten Tamanke, dem sie die vermeintlich seiner Tochter gehörende Sonnenbrille mit einer kurzen Schilderung der Begleitumstände übergeben habe. Tamanke habe die Brille ohne jeden Kommentar entgegengenommen; die Sache sei ihm aber erkennbar unangenehm gewesen.

Im Laufe der nächsten Monate verblasste die Erinnerung an den nächtlichen Besuch, zumal die Aufmerksamkeit für die unterschiedlichen gesundheitlichen Beeinträchtigungen der Frau von Hitzfeld die Oberhand gewann. Elisabeth von Hitzfeld gehörte zu den Menschen, die in einer widerwilligen, aber dennoch identitätsstiftenden Korrespondenz zu ihren Krankheiten stehen. Seit vielen Jahren peinigten sie die unklaren Beeinträchtigungen durch eine Borreliose, sie hatte die unterschiedlichsten Heilungsversuche ihrer chronischen Herzschwäche zu überstehen, und mehr und mehr plagten sie unerwartete Gichtattacken. Darüber hinaus hatte sie zunehmend mit den Folgen von im Grunde selbstverschuldeten Hausunfällen zu tun. So war sie beim Schneiden einer Gartenhecke durch den verrotteten Deckel eines fast zugewachsenen Wassersammlers halb in die Tiefe gestürzt und hatte sich dabei ein Bein gebrochen. Wenige Monate später glaubte sie, das Rezept für die Herstellung von Speckpiroggen (einer baltischen Spezialität, die sie in ihrem Leben schon einige hundert Male zubereitet hatte) von einem oberen Brett ihres Küchenregals holen zu müssen, stieg auf einen dreistufigen Küchentritt, um von dort mit einem Schritt ins Leere herunterzustürzen und sich den Beckenknochen anzubrechen.

Bei diesem Unfall hatte ihr Mann neben ihr gestanden, und er machte sich Vorwürfe, diesen Sturz nicht verhindert zu haben.

Danach zeigte er sich – noch mehr als bisher – in allen ihm zugänglichen Verrichtungen als treuer Helfer seiner Frau im Haushalt, besorgte alle Einkäufe und erledigte alle Arbeiten und Besorgungen, um die ihn seine Frau bat oder die er selbst für erforderlich hielt. Aber verständlicherweise befielen ihn hin und wieder Fluchtreflexe oder doch das Bedürfnis, nicht nur Verrichtungsgehilfe seiner Frau zu sein, sondern auch einmal allein etwas zu unternehmen, wonach ihm gerade der Sinn stand. Hierzu gehörten solche Eskapaden wie die, auf dem Wochenmarkt eine Thüringer Bratwurst zu essen oder ein alkoholfreies Weizenbier zu trinken. In der Vorweihnachtszeit – seine Frau lag gerade mal nicht im Krankenhaus – nahm er sich die Freiheit zu einem morgendlichen Stadtbummel und strebte schließlich auf dem Wochenmarkt zielsicher zu einem Fichtelmann-Stand, wo es nach seiner Einschätzung die besten Thüringer gab. Der Duft der röstenden Würste und die Wärmeausstrahlung des großen Grills übten die vertraute Anziehungskraft auf ihn aus. Er orderte eine Bratwurst mit Senf und stellte sich an eine Ecke des von zwei Seiten und von oben mit einer Plane abgeschirmten Stands, um den anderen Kunden nicht den Zugang zu versperren und um in Ruhe seine Thüringer zu genießen.

So war Odokar von Hitzfeld ganz bei sich, als er in das heiße Darm-Fleisch-Gebilde biss. Aber kaum war er in ungerichteter Zufriedenheit in seiner Genusswelt gelandet, da wurde er darin auch schon wieder durch eine eindeutig an ihn gerichtete Frage gestört, wenngleich er „Störung“ nicht als das passende Wort für diese unerwartete Ansprache verwendet hätte:

»Sie sind doch Herr von Hitzfeld, wenn ich nicht irre?«

Hitzfeld drehte sich, das heiße Wurstende zwischen den Fingern balancierend, zu der Fragenden um und mümmelte dabei den nicht minder heißen Wurstanfang zwischen seinen Zähnen. Vor ihm stand eine junge Frau in einer erkennbar hochklassigen Felljacke. Auf dem Kopf trug sie eine bunt gemusterte Wollmütze.

»Also, das ist ja eine Überraschung!«

Hitzfeld hantierte hilflos mit seinen heißen Wurstteilen

und entschuldigte sich, dass er ihre Ansprache nicht mit angemessener Begrüßung erwidern könne.

»Ja, Frau Tamanke (eben war ihm der Name wieder eingefallen), das ist aber wirklich schön, dass wir uns mal wiedersehen!«

»Die Freude ist auf meiner Seite; ich habe sehr oft an Sie denken müssen.«

Hitzfeld blickte in ein strahlend schönes Jugendgesicht, das von brünetten Haaren umrahmt war, die in frecher Aufforderung unter der bunten Wollmütze hervorlugten.

»Darf ich Sie zu einer Bratwurst einladen?«, fragte er, nachdem er die Wurst vertilgt und die Pappschale samt zerknüllter Serviette entsorgt hatte. »Oder zu etwas anderem?«

Sie entschied sich für einen Glühwein, und er orderte auch einen für sich.

»Wissen Sie, warum ich mich über unser Treffen so freue? Ich habe mich die ganze Zeit – seit jener Nacht – darüber geschämt, was wir Ihnen zugemutet haben. Dass mir so etwas passieren konnte!«

»Nun ja«, wiegelte Hitzfeld ab, »Sie haben sich doch sehr ordentlich benommen, waren höflich und haben keine Scherereien gemacht.«

»War es wirklich ‚sehr ordentlich', mitten in der Nacht in das Haus anderer Leute einzudringen?«

»Ich hatte Sie ja reingelassen, Sie sind ja nicht eingebrochen.«

»Trotzdem!«, entgegnete sie. »So etwas hätte ich nicht mitmachen dürfen!«

»In der Jugend darf man sich schon mal unkonventionelle Freiheiten herausnehmen. Ich bin auch nicht hinter dem Ofen aufgewachsen!«

»Ich wusste, dass Sie Entschuldigungen für unser unmögliches Verhalten finden würden; ich habe Sie vom ersten Augenblick an als besonders menschenfreundlich eingeschätzt.«

»Danke, danke!« Hitzfeld hob den Becher wie zum Anstoßen, und die beiden nahmen vorsichtig einen Schluck von dem heißen Süßgetränk.

»Wissen Sie, was mich von vornherein für Sie eingenommen hat? Sie dürfen jetzt ruhig lachen …«

»Ich bin gespannt!« Hitzfeld hatte sich aus seiner Hilflosigkeit befreit und dachte: Du musst kein schlechtes Gewissen haben, mit dieser wunderschönen Frau zu sprechen. Es ist ja wirklich ein Zufall, du hast dieses Zusammensein nicht gesucht!

Aber zugleich spürte er in sich die Geburt einer neuen Welt mit bisher unvorstellbaren Möglichkeiten.

»Ja, ich will es Ihnen sagen: Es war nicht nur Ihre spontane Bereitschaft, uns da mitten in der Nacht in Ihr Haus zu lassen, sondern es war Ihr geringeltes Nachthemd, das mich sofort fasziniert hat. Ich hatte sofort ein Gefühl der Sicherheit, das Gefühl, in eine andere Welt zu kommen, in eine Welt der Verlässlichkeit und der verständigen Zuwendung. Wer ein solches Nachthemd trägt, kann einfach nicht böse sein, sagte ich mir. Es war die Gegenwelt zu meiner Welt mit Boris. Und Sie mit ihrem Nachthemd haben mir die Augen geöffnet. Am nächsten Tag habe ich mit Boris Schluss gemacht. Ja, ja, er ist kein schlechter Kerl, sonst hätte ich mich auch gar nicht auf ihn eingelassen! Aber er ist das, was ich einen lieben Tunichtgut nennen möchte. Immer voller verrückter Ideen, fähig zu unverhofften Liebesbeweisen, aber eben letztlich nicht verlässlich. In gewisser Weise lebte ich mit ihm immer auf einem Pulverfass. Was mich am meisten bestürzt hat, war, dass er mich an jenem Abend zum Mitkiffen gebracht hat – sonst wäre der ‚Besuch' in Ihrem Haus auch niemals geschehen! Und dabei ist diese Kifferei mir völlig *contre coeur*, mir ganz und gar zuwider, weil ich das als Flucht aus dieser Welt ansehe, die doch so einmalig schön ist! Ich werde das nie wieder tun!«

Hitzfeld hatte zunehmend gebannt zugehört. Tausend Gedanken schossen ihm durch den Kopf, in seiner aufgewühlten Gefühlswelt brauste es durcheinander. Diese junge Dame war der zweite Teil von ihm; nie hatte er mit einer Frau spontan einen solchen Gleichklang empfunden. Er dachte an seine Elisabeth, daran, dass sie gemeinsam fünf Kinder hatten, und an die Jahrzehnte ihres gemeinsamen Lebens. Und jetzt auf einmal begegnete er diesem wunderschönen Traumwesen mit so viel Herz und Charakter – und der Fraglosigkeit einer allertiefsten Gemeinsamkeit.

Wurde er hier auf eine Probe gestellt?

Oder war es nur das stark übertriebene Empfinden eines glücklichen Augenblicks?

Aber es ist ja auch, kam ihm da in den Kopf, die unglaubliche Fortsetzung eines ganz und gar unglaublichen realen Geschehens, das keine Ausgeburt von Wunschphantasien war. Nein, das ist alles wirklich, und du bist auf wunderbar unerklärliche Weise damit gemeint. Alles, was da in seinem Leben an unbestimmten Wünschen und Vorstellungen in ihm rumort hatte, war nichts gegen diese Wirklichkeit! Offenbar gibt es nicht nur die eine gewohnte Wirklichkeit, dachte er. Diese scheinbar so vertraute Wirklichkeit ist möglicherweise nur ein Produkt unserer Gewohnheiten, eingepfercht in die engen Grenzen unserer Phantasielosigkeit.

Welche Gedanken ihm da in den Kopf kamen!

Noch war ja seine Welt in Ordnung; nichts war geschehen, und er dachte an die tröstliche Äußerung eines guten

Freundes, der – als ausgebildeter Jurist – ihn mit dem alten Rechtsprinzip vertraut gemacht hatte *cogitationis poenam nemo patitur: Niemand wird für eine Straftat zur Verantwortung gezogen, die er nur in Gedanken begangen hat.* Ja, und die Gedanken sind frei! Hatte nicht sogar der Weimarer Geheimrat eingestanden, es gebe keine Straftat, an die er nicht mal als eigene gedacht habe? Auf der anderen Seite: Gerade der sollte ihm Warnung sein, Marienbad und so weiter! Er musste einfach ganz fest die nach seiner Schätzung mindestens dreißig Jahre im Kopf behalten, die ihn von diesem wunderbaren Frauenwesen trennten, das ihn während seiner auf ihn einstürmenden Gedanken mit freundlich fragendem Gesicht angesehen hatte.

»Entschuldigen Sie«, hörte er sich da sagen, »darf ich mal nach Ihrem Vornamen fragen?«

»Ja, natürlich! Ich heiße Tamara, meine Freunde nennen mich aber fast nur Tam-Tam, so können Sie mich auch gerne nennen!«

»Ach, so eine Art Anfangsreim«, stellte Hitzfeld fest, »ich finde eigentlich Tamara viel schöner! Ich habe einen etwas ältlich-germanisch klingenden Vornamen, O-d-o-k-a-r, deshalb nennen meine Freunde mich Odo.«

»Das ist aber ein sehr witziger *nickname*«, befand sie, »darf ich den denn benutzen? – Freilich bleibe ich beim ‚Sie', wenn Sie das so wollen!«

Damit war sein behutsamer Versuch, ihr über die Zeitdistanz der Namensursprünge auch die Lebenszeitdistanz zwischen ihnen in Erinnerung zu rufen, erst einmal gescheitert.

»Ja«, fuhr sie dann fort, »das nächtliche Erlebnis mit Ihnen hat mein ganzes Leben verändert. Ich wusste von da an, was für einen Mann ich eigentlich suche, welche Eigenschaften mir an ihm eigentlich wichtig sind. Bis dahin, das muss ich gestehen, war ich Gefangene eines boulevardmäßigen Männlichkeitsideals, sie wissen schon: sieghaftes Lächeln mit Sonnenbrille, attraktives Äußeres, kraftvolles Paarungsversprechen. Als ich Sie mit diesem phantastischen Ringelnachthemd im Flur stehen sah, genau in dem Augenblick zerstob das alles! Ich wusste nun, dass ich Verlässlichkeit, liebevolles Verstehen und Zuwendung suche. Und ich wusste, dass *Sie* über alle diese Eigenschaften verfügen, *Herr Odo*!«

Hitzfeld war nun in Gefahr, völlig durcheinanderzugeraten. Oder war er auf dem Weg zu einer neuen Klarheit? Nun faszinierte ihn an dieser Frau auch noch ihre offenbar hoch entwickelte Ausdrucksfähigkeit, und ihm schoss der Humboldt-Satz in den Kopf, den er sich bei einem vor wenigen Tagen gehörten Vortrag über ‚Deutsche Sprachschöpfer' gemerkt hatte, wonach *die Sprache das Komplement des Denkens* ist.

Ein schöner Geist in einem schönen Körper, dachte er.

Aus der früheren DDR mit ihrer bevormundenden Spießigkeit konnte diese Frau offenbar nicht stammen! Er fragte sie nach der Herkunft ihrer Familie, und sie erzählte ihm davon, dass ihre Familie *seit urdenklichen Zeiten* hier in Berlin gewohnt habe, *in einer Semi-Distanz zum früheren System.* So habe ihr Vater sich *durchgemogelt* und auch immer wieder mal Bau- oder doch Restaurationsaufträge bekommen, mit denen er die Familie über Wasser gehalten habe.

Hitzfeld, dem über sich und sein Leben nichts Mitteilenswertes mehr einfiel, verlegte sich nun aufs Fragen und hörte erstaunliche Erlebnisse aus diesem noch so jungen Leben. Im Grunde war dieses bislang eine hochinteressante Aneinanderreihung von Versuchen und Experimenten, Ausbildungsvorhaben und Studienanfängen gewesen, die samt und sonders gescheitert waren. Aber gerade aus dem Scheitern hatte sich für diese junge Frau eine atemberaubende Dynamik der Entwicklung ergeben, die – so empfand es Hitzfeld – zielnotwendig zu diesem Treffen von ihnen beiden geführt hatte. Ihm waren auch die einzelnen Stationen ihres Lebens gar nicht mehr so wichtig, denn sie waren alle Ausdruck dieses dialektischen Lebenszusammenhangs von Scheitern und Dynamik im Fortschreiten.

Immer wichtiger wurde ihm im Laufe ihrer leicht dahinperlenden Geschichten ihre Stimme. Diese Stimme, die die Welt einfing und sie verwandelt wieder ausatmete, mit ihren Verdichtungen, ihren Hebungen, ernsten Einschüben und dem unverwechselbaren Grundklang. Er ließ sich von dieser Stimme davontragen, segelte auf ihren Tonlockungen irgendwohin in ein unbekanntes Land des Einklangs und der Zustimmung. Und er wunderte sich über sein Loslassen, aber er hatte die feste Gewissheit, dass ihm nichts Widriges zustoßen würde. Und er spürte, wie er in diesem Außersichgeraten in ungeahnter Sicherheit zu sich fand.

Ist es das, was wir Christen mit Auferstehung meinen? fragte er sich. Oder ist es ein Vorerleben des endgültigen Loslassens, irgendwann einmal? Dann wäre das ja gar nicht so schlimm, im Gegenteil! Ein freudiger Schrecken durchfuhr ihn erst, als er – aus dieser tonalen Verführungslandschaft aufwachend – ihren letzten Satz inhaltlich wahrnahm:

»Ja, und deshalb möchte ich Sie bald zu mir nach Hause einladen und Sie einmal gnadenlos verwöhnen. Damit wäre auch unser Eindringen in Ihren nächtlichen Frieden ausgeglichen. Einverstanden? Ich melde mich!«

»Ja«, antwortete Hitzfeld, »wenn Sie meinen! Aber es ist nichts auszugleichen!«

Da legte sie einen Arm um seinen Hals, küsste ihn ohne jede Eile, verabschiedete sich dann und verschwand im Gewimmel der Marktbesucher.

Seine Frau empfing ihn mit der Feststellung, er sei heute aber besonders lange in der Stadt gewesen.

»Ja«, sagte Hitzfeld, während er sich den Mantel auszog, »ich habe mir eine Bratwurst erlaubt. Und einen Glühwein. Und, stell dir vor, da stand auf einmal die Tamara Tamanke vor mir, weißt du, die junge Dame, die mit dem Boris da nachts in unserem Haus war. Sie war deshalb voller Schuldgefühle, ich musste mir das in Ruhe anhören.«

»Da hast du dich tadellos verhalten, da gibt es nichts. – Sieh mal, hier habe ich eine Überraschung für dich!« Sie nahm ein kleines Päckchen vom Flurtisch, das er verwundert entgegennahm.

»Nun pack aus!«, forderte sie ihn auf.

Und welche Überraschung! Hitzfeld fand in dem Geschenkpapier ein taubenblaues Nachthemd. »Das ist der Ersatz für dein Ringelnachthemd, das ich nun endgültig zu Putzlappen verarbeitet habe«, ließ sie ihn wissen, »ich hoffe, du freust dich darüber!«

Bernd Rebe
Südlichtwende

Roman
Paperback, 316 Seiten
ISBN 978-3-89927-033-4

Unter der südlichen Sternenkuppel der türkischen Mittelmeerküste begegnen sich zwei Welten: Maren Wedemark, geprägt von akademischer Lebensenge der neudeutschen Gruppenuniversität, und Wolfgang Hirsch, Professor für Germanistik, Repräsentant einer vergangenen deutsch-jüdischen Hochkultur.

An den Figuren des Romans macht der Autor die Spannung zwischen diesen beiden Welten sichtbar: Was vordergründig als Liebesgeschichte geschildert wird, ist auf der Symbolebene die hypothetische Schicksalsfrage für das deutsche Kultur- und Geistesleben.

Dabei werden – mit einem Augenzwinkern – in vielen manifesten und verborgenen Bezügen Elemente und Anklänge aus der Goethewelt aufgerufen und eröffnen so dem literaturkundigen Leser einen weiten Assoziationsraum, in dem er seine eigenen Figuren und Bilder finden kann.

Mehr Informationen unter www.adlibri.de